RohVegan

Christine Mayr

RohVegan

100 Rezepte – natürlich raffiniert

Fotografiert von Pau Esculies

AT Verlag

AT Verlag, Aarau und München
Lektorat: Nicola Härms, Rheinbach
Fotos: Pau Esculies, www.pauesculies.com
Grafische Gestaltung und Satz: Francesc Capellades, www.fwbranding.com
Druck und Bindearbeiten: Firmengruppe Appl, aprinta druck, Wemding
Printed in Germany

ISBN 978-3-03800-841-5

www.at-verlag.ch

Inhalt

crua
raw gourmet cuisine

Bereits in jungen Jahren faszinierte mich die Natur mit all ihren Gaben, ich liebte unseren heimischen Obst- und Gemüsegarten mit all den Schätzen, die wir darin ernteten, genoss von Kindesbeinen an die Vielfalt der Früchte knorriger Obstbäume, den Reichtum an saisonalem Gemüse, frischen Kräutern, Pilzen und Waldbeeren.

Mitte der 1990er Jahre zog es mich in die Ferne, und meine Wahl fiel auf das quirlige und kulinarisch vielfältige San Francisco an der Nordküste Kaliforniens. Es war dort, an diesem für mich bis heute inspirierenden Ort, wo ich in einem kleinen Restaurant das erste Mal in Berührung mit »Raw Food« kam – und es traf mich ins Herz. Kenner, die den Grundstein für diese außergewöhnliche Küche gelegt hatten, erklärten mir, dass »raw« wirklich das bedeutet, wonach es sich anhört: nämlich roh zu essen. Diese Küche kommt ganz ohne »Feuer«, also ohne Herd und Ofen, aus. Noch erstaunlicher war es für mich zu erfahren, dass die »Raw Cuisine« eine rein pflanzliche Basis hat und auf jegliche tierische Produkte verzichtet.

Vom ersten Moment an wusste ich, dass diese Küche etwas Besonderes ist. Ein wahres Erlebnis. Ich wusste bereits zu diesem Zeitpunkt, dass sie eines Tages für Aufsehen sorgen würde. Ich war völlig fasziniert von ihrer Kreativität und Vitalität, auch wenn sie damals noch keinen Gourmet-Standard erreicht hatte. Jedoch überzeugten mich der intensive Geschmack und die grenzenlosen kulinarischen Möglichkeiten einer Küche, die darauf verzichtete, auf traditionelle Art zu kochen.

Viele Jahre später zog es mich wieder nach Kalifornien, und ich erlernte bei bekannten Raw-Food-Kennern die feinen Kniffe dieser ungewöhnlichen Küche. Erstaunlich für mich waren vor allem die besonderen Konsistenzen, die man mit einfachen Techniken herstellen kann, und dies ganz ohne Weizenprodukte, ohne tierische Produkte und ohne Industriezucker.

Diese Küche ist ein Hochgenuss für alle Sinne, und sie trifft den Zeitgeist eines modernen, bewussten Lebens. Die Gerichte in diesem Buch sollen als Inspiration dienen, diese Küche in das tägliche Leben aufzunehmen. Genießen Sie samtige Suppen, geschmacklich intensive Fonds, knackiges Brot, herzhaften Nusskäse, delikate Nussmilch, würziges Nusshackfleisch, bekannte Lieblingsgerichte wie Quiche und Pizza und viele köstliche Desserts.

Dieses Buch ist sehr langsam entstanden, es ist im wahrsten Sinne des Wortes ein »Slow Book«. Mit meinem geschätzten Mann Francesc Capellades als Creative Director und meinem Kollegen Pau Esculies, einem fantastischen passionierten Foodfotografen, entstand dieses Werk über mehrere Jahre in Barcelona und teilweise in München. Immer wenn wir den Moment und Zeitpunkt fanden oder uns gerade ein besonders schönes Stück Obst oder Gemüse auf dem Markt oder im Garten in die Hände fiel, trafen wir uns in Paus Studio hoch über Barcelona, setzten die Gerichte in Szene und fotografierten sie. Fotografiert wurde ausschließlich mit natürlichem Licht.

Freunde, Familie und kleine charmante Läden in Barcelona halfen uns mit Requisiten, liehen oder schenkten uns Geschirr. Pau fand im Heimatort seiner Großmutter Holz und andere Untergründe, die mehr als vierhundert Jahre alt sind, ihren ganz eigenen Charakter und eine besondere Ausstrahlung haben. Auch Reisen und Aufenthalte in verschiedenen Ländern hatten großen Einfluss auf das Entstehen dieses Buches und auf die Rezepte.

Ich widme dieses Buch all den Menschen, Zeiten, Orten und Momenten, die mir Inspiration dafür gaben, vor allem Barcelona und meiner Familie.

Christine Mayr

Die rohvegane Küche

Der Genuss von frischen rohen Produkten erobert als neuer Lebensstil nach und nach unsere Küche und hält Einzug in die Gastronomie. Besonders in den USA, an der kalifornischen Westküste sowie in New York ist diese Ernährungsform nicht mehr wegzudenken.

Manche mögen es als vorübergehenden Trend ansehen, doch es ist viel mehr als das. Die »Raw Cuisine«, auch »Raw Food« genannt, ist eine außergewöhnliche Küche; ihre Basis bilden rein pflanzliche, natürliche Produkte. Ich liebe die Idee, dass diese Gerichte allein mit natürlichen, frischen Zutaten zubereitet werden, mit allem, was die Natur zur Verfügung stellt: unbehandeltes, natürlich gewachsenes Obst und Gemüse, alle Arten von Nüssen und Samenkernen, duftende Pilze, mineralreiche Seealgen, frische Sprossen und Kräuter, sonnengetrocknete Früchte, Gewürze, beste, kaltgepresste Öle und natürliche Würzmittel. Diese Produkte möchte ich »Helden« nennen, Helden, die uns mit allem versorgen, was wir brauchen. Vitale Helden aus Garten und Markt, Wald und Meer. Sie sind die Protagonisten dieses Buches – und sie sind heute mehr gefragt denn je. Auch verwendet diese Küche keinerlei Weizen- und tierische Produkte, ist also glutenfrei und vegan, und verzichtet zugunsten natürlicher Süßstoffe auf industriell hergestellten Zucker. Die Zutaten orientieren sich an der Jahreszeit und sind bis auf wenige Ausnahmen regional erhältlich. Besonders stolz bin ich darauf, dass meine Küche bis auf ein paar natürlich fermentierte Produkte fast ohne Soja auskommt. Heute sind Sojaprodukte zum größten Teil gentechnisch verändert und stark industriell verarbeitet; sie sind zudem für viele Menschen nur schwer verdaulich. Auch vernichtet der Anbau der Sojapflanzen durch intensive Rodungen den Lebensraum vieler Menschen und Tiere.

Pflanzlich. Kulinarisch. Köstlich.

Die »Raw Cuisine« beruht auf der wunderbaren Philosophie, weder Mensch noch Tier schaden zu wollen. Auch handelt sie ökologisch verantwortungsvoll, da sie weder viel Energie verbraucht noch unnötiges Verpackungsmaterial produziert. Ich betrachte es als meine Verantwortung, nicht nur geschmacklich gutes Essen zu servieren, sondern auch Produkte zu verwenden, deren Herstellung nicht für andere Lebewesen Leiden bedeutet, Produkte, die mit unseren Ressourcen verantwortlich umgehen. Ich bin überzeugt, dass man mit allen Sinnen genießen kann, auf kaum einen Geschmack dieser Welt verzichten muss – und all dies mit bestem Gewissen tun kann.

Diese Küche ist eine wahrhaft lebendige, da sie nur mit besten Produkten arbeitet und diese einer Temperatur von höchstens 42 Grad unterzogen werden. Produkte, die unter 42 Grad bleiben, gelten als roh; ab 42 Grad setzen in den Lebensmitteln gewisse Vorgänge ein, die sie verändern. Selbst beste biologische Produkte verlieren durch den Kochprozess bis zu siebzig Prozent ihrer wertvollen Inhaltsstoffe wie Enzyme, Vitamine, Mineralien, Ballaststoffe und pflanzliche Proteine, wenn man sie erhitzt. Die »Raw Cuisine« verzichtet daher auf den Kochvorgang, die kostbaren Inhaltsstoffe der Zutaten bleiben zu hundert Prozent erhalten und stehen dem Körper zur Verfügung. Konsistenz und Aussehen der Gerichte der traditionellen Küche werden jedoch durch raffinierte Techniken so nachgeahmt, dass sie dem Original verblüffend nahekommen. Diese Küche nutzt sozusagen das ganze Produkt und liefert nicht nur den vollen natürlichen Geschmack, sondern auch alle Nährstoffe, die den Körper mit Energie versorgen und ihn gesund und basisch halten.

Wer nun aber denkt, dass die »Raw Cuisine« nur aus Salaten besteht, langweilig und geschmacklos ist, liegt falsch. Beste Produkte werden raffiniert kombiniert und mit natürlichen Küchentechniken wie dem klassischen Marinieren, Dehydrieren und Lufttrocknen, Fermentieren und einer Kombination aus all diesen seit jeher angewandten Zubereitungsarten schonend behandelt. So wird es möglich, einen Gaumenschmaus nach jedermanns Geschmack herzustellen. Unbeschreiblicher Genuss, Bewusstsein und pures Lebensgefühl gehören in der »Raw Cuisine« dazu. Diese Küche beschreibt nicht nur eine herausragende Art und Weise, Essen zu genießen, sondern eine Lebenseinstellung, die den Zeitgeist mehr trifft denn je.

Man muss nicht von heute auf morgen ein purer Rohköstler werden. Diese Küche lässt sich wunderbar mit unserem gewohnten Lebensstil kombinieren und in den Alltag integrieren.

Biologisch. Regional. Saisonal.

Diese frische, lebendige Küche orientiert sich an den Jahreszeiten. Knackiges, reifes Obst und Gemüse sind geschmacklich am besten und haben nachweislich mehr Vitalstoffe, wenn sie in der ihren entsprechenden Jahreszeit geerntet werden. Im Frühling schenkt die Natur uns zartes Blattgrün sowie Gemüsesorten wie Spargel, Kohlrabi, Mairübchen und Radieschen, im Sommer erfrischende Obstsorten von Beeren bis zu kühlenden Wassermelonen, außerdem die wasserreichen Gurken. Im Herbst sind nährstoffreiche Obst- und Gemüsesorten wie Äpfel, Birnen, Pflaumen, Fenchel, Kohlrabi und Sellerie reif, im Winter vitaminreiche Zitrusfrüchte, Granatäpfel, außerdem eine Vielzahl von immunstärkenden Kohlarten sowie alle Arten von Wurzelgemüse wie Karotten, Pastinaken und Rote Bete.

Auf Wochenmärkten und in Naturkostläden findet man eine unglaubliche regionale und saisonale Vielfalt. Auch gibt es Produzenten, die regionales Obst und Gemüse kostengünstig nach Hause liefern. Dieses Obst und Gemüse hat keine lange Lager- oder Reisezeit hinter sich, es ist prall gefüllt mit besten Inhaltsstoffen und unverfälschtem Geschmack, und es werden, als schöner Nebeneffekt, unnötige Umweltbelastungen vermieden.

Die »Raw Cuisine« legt auch besonderen Wert auf biologisch angebautes Obst und Gemüse, das auf natürlichen und gesunden Böden mit reichhaltiger Humuserde gezogen wurde. Geschmack und Aussehen der auf diese Weise angebauten Lebensmittel sprechen für sich. Das in konventionellen Supermärkten zu findende Obst und Gemüse wurde oftmals mit Toxinen, Pestiziden und Kunstdüngern behandelt. Pestizide aber können durch bloßes Waschen nicht entfernt werden. Sollte man doch einmal in die Verlegenheit kommen, Produkte aus dem Supermarkt beziehen zu müssen, sollten diese ordentlich geschrubbt – oder besser noch die Schale entfernt – werden.

Die Helden

Die Protagonisten dieser Küche sind natürliche Lebensmittel biologischen Ursprungs, die uns die Natur zur Verfügung stellt: Obst, Gemüse, Samenkerne, Nüsse, Seealgen, Pilze, Kräuter, Gewürze, Sprossen und natürliche Würzmittel. Ihr Geschmack, ihr Aroma und ihre vitalen Inhaltsstoffe machen die »Raw Cuisine« aus. Jedes Produkt ist einzigartig, von einer unvergleichlichen, vollkommenen Schönheit. Sie verdienen unsere Wertschätzung. Helden der Natur, Helden aus dem Gemüsebeet.

Zubereitungstechniken und Küchenwerkzeuge

In der Rohkostküche wird auf andere Zubereitungsmethoden gesetzt als in der traditionellen Küche. Es kommen weder Herd noch Ofen zum Einsatz. Geschmack wird aus den bestmöglichen Produkten gewonnen. Natürliche Zubereitungsmethoden wie Lufttrocknen oder Dehydrieren, Mixen, Marinieren und traditionelles Fermentieren und/ oder eine Kombination aus diesen seit jeher bekannten Techniken bringen Geschmack und Aussehen der uns bekannten Gerichte aus der konventionellen, gekochten Küche hervor. Durch das geschickte Kombinieren dieser Techniken erhalten Lebensmittel eine ähnliche Konsistenz, wie wenn sie gekocht werden, jedoch behalten sie ihren ursprünglichen Geschmack und ihre wertvollen Nährstoffe.

Auch viele haushaltsübliche Küchenutensilien kommen zum Einsatz, vom einfachen Sparschäler über den Gemüsehobel bis zur professionellen Microplanereibe.

Zubereitungstechniken

Dehydrieren

Dörrgeräte oder Dehydratoren gelten als der Backofen der Rohkostküche. Die Speisen werden darin bei 42 Grad dehydriert und luftgetrocknet. Dadurch wird ihnen Feuchtigkeit entzogen und gleichzeitig der Geschmack intensiviert. Das Lufttrocknen von Speisen ist so alt wie die Menschheit selbst. Ursprünglich war das Lufttrocknen dazu gedacht, Speisen länger haltbar zu machen.

In der Rohkostküche kann man mit dieser speziellen Technik wunderbare Teigböden für Tartes, Quiches, Cracker und Pizzen herstellen. Auch dienen die Geräte dazu, Speisen schonend auf 42 Grad zu erwärmen.

Das Dehydrieren beschleunigt ebenso den Marinier- oder Fermentierungsprozess. Meist enthalten die Geräte 5–9 Einschübe sowie Einlegegitter und Dörrfolien.

Einweichen

Das Einweichen von Nüssen und Samenkernen macht es leichter, sie in der Küchenmaschine oder im Mixer weiterzuverarbeiten. Einige Nüsse und Samen, deren Schale Bitterstoffe enthält, wie zum Beispiel Mandeln und Walnüsse, werden dadurch auch leichter verdaulich, da die Bitterstoffe im Einweichwasser zurückbleiben.

Das Einweichen bewirkt zudem die Aktivierung der Nährstoffe, eingeweichte Nüsse und Samen sind bis zu sechzig Prozent nährstoffreicher als uneingeweichte.

Fermentieren

Gemüse und Obst zu fermentieren, um sie länger haltbar zu machen, ist ein bekanntes Verfahren, das in vielen Kulturkreisen Anwendung fand und findet. Probiotische Pulver oder Rejuvelac verwandeln viele Arten von Nüssen wie Mandeln, Macadamianüsse und Cashewkerne in feinsten Nusskäse. Der Reifeprozess beträgt zwischen acht und vierundzwanzig Stunden und hängt von der Art des gewünschten »Käses« ab.

Probiotisches Pulver ist im Bioladen oder in der Apotheke erhältlich. Es setzt sich aus lebendigen Mikroorganismen zusammen, die den menschlichen Verdauungsapparat positiv beeinflussen und die Darmflora und das Immunsystem stärken. So verhilft die Einnahme von Probiotika zu einer besseren Nährstoffaufnahme und fördert allgemein das Wohlbefinden.

Rejuvelac wird durch Wasserfermentierung aus Getreidekörnern gewonnen und lässt sich ganz leicht und kostengünstig zu Hause zubereiten; man bekommt ihn auch als sogenannten Brottrunk im Bioladen. Meist wird er aus Weizen gemacht, aber man kann ihn auch aus glutenfreiem Buchweizen und Quinoa herstellen.

Für einen Liter Rejuvelac benötigt man nur 180 g Weizenkörner und Wasser. Die Weizenkörner werden 8 Stunden in Wasser eingeweicht, dann abgegossen und gut gewaschen. Anschließend gibt man sie in ein Sprossenglas und lässt sie einen Tag bei Zimmertemperatur keimen, hin und wieder mit Wasser spülen. Die Weizensprossen gut waschen und in ein großes Einmachglas geben. Mit einem Liter Wasser aufgießen und mit einem Tuch bedecken.

Zwei Tage bei Zimmertemperatur stehen lassen, dann abgießen. Den Rejuvelac bis zur weiteren Verwendung in einer Glasflasche gekühlt aufbewahren.

Marinieren

Das Marinieren mit Marinaden aus Zitronensaft, Gewürzen und Ölen macht die Lebensmittel weicher, zarter und geschmackvoller.

Sprossen ziehen

Sprossen kann man zu Hause das ganze Jahr hindurch ganz leicht selber ziehen. Alles, was man dazu braucht, sind Körner, Hülsenfrüchte oder Samenkerne. Sie werden mehrere Stunden in Wasser eingeweicht, danach in ein handelsübliches Keimglas gegeben und mehrmals täglich (zwei- bis dreimal) gewässert. Dabei sollten sie gut befeuchtet sein, weder im Wasser stehen noch austrocknen. Auch sollte für eine ausreichende Luftzufuhr gesorgt sein. Die ideale Raumtemperatur für Sprossen liegt bei 23 Grad. Bereits nach drei bis sieben Tagen sind die Sprossen gebrauchsfertig; man kann sie gut im Kühlschrank aufbewahren.

Durch das Keimen werden sozusagen die Vitalstoffe der Körner, Hülsenfrüchte oder Samenkerne erweckt, es vervielfacht den Nährwert bis zu vierzigmal gegenüber dem ungekeimten Samenkorn. Das Verdauungssystem des Körpers kann so Nährstoffe aus der Nahrung besser aufnehmen.

Küchenwerkzeuge

Gemüsehobel (Mandoline)

Ein hochwertiger Gemüsehobel, auch Mandoline genannt, ist perfekt, um feine Scheiben zu hobeln, ideal etwa für Gemüseraviolischeiben oder Pastagerichte.

Julienneschneider

Mit einem Julienneschneider lässt sich Obst und Gemüse, beispielsweise für Gemüsenudeln, in feine Streifen schneiden.

Küchenmaschine

Bereits mit einer handelsüblichen Küchenmaschine kann man wunderbare grob- oder feinkörnige Pestos zubereiten und Teige für rohe Cracker, Pizzateige oder Nussfleisch in Minuten herstellen. Auch benutze ich die Küchenmaschine zum groben Mahlen von Nuss- und Samenkernen.

Küchenmesser

Wie in jeder Küche ist ein gutes Küchenmesser ein Muss. Ich persönlich bevorzuge das japanische Santoku-Messer. Auch ein kleines Schälmesser ist für die Rohkostküche sehr praktisch.

Microplanereibe

Die Microplanereibe ist für mich ein unverzichtbares Kücheninstrument. Mit ihr kann man in Sekunden Knoblauch, Ingwer oder Kurkuma fein reiben oder die Schale von Zitrusfrüchten abreiben. Es gibt diese Profireibe in verschiedenen Ausführungen. Natürlich kann man sich auch mit einer konventionellen feinen Küchenreibe behelfen.

Mixer

Ein Hochleistungsmixer gehört zur Grundausstattung der Rohkostküche. Dieser Mixer zaubert genial cremige Konsistenzen. Sicherlich können auch mit einem gewöhnlichen Mixer einfachere Süppchen, Saucen, Dressings, Smoothies und Nussmilch hergestellt werden (meist brauchen diese dann etwas mehr Wasser), jedoch gerät man bei solchen Geräten oft schnell an die Grenzen und erhält nicht die gewünschte Konsistenz. Mit einem Hochleistungsmixer kann man zudem Suppen und Saucen in wenigen Minuten erwärmen; dies geschieht durch die bei der Mixbewegung entstehende Wärme. Viele meiner Gäste, Kunden und Freunde schaffen sich nach einer gewissen Zeit einen Hochleistungsmixer an. Eine Anschaffung fürs Leben.

Nussbeutel und Passiertuch

Nussbeutel und Passiertuch bestehen aus feinem Netzgewebe wie Nylon oder Baumwolle. Damit filtert man Nussmilch, Saucen, Fonds oder Kräuteröle.

Sparschäler

Der Sparschäler wird in der Rohkostküche nicht nur zum Schälen von Obst und Gemüse verwendet, sondern auch um Gemüsetagliatelle oder dekorative Gemüsestreifen zu formen.

Spiralschneider

Mit einem Spiralschneider lassen sich aus Zucchini und Wurzelgemüsen auf einfache Art Gemüsenudeln oder -spaghetti formen. Sie sind in mehreren Ausführungen erhältlich.

Sprossenglas

In einem Sprossenglas keimen und wachsen in wenigen Tagen aus allerlei Samenkernen Sprossen.

Sämtliche Rezepte sind, sofern nicht anders angegeben, für 4–6 Personen gerechnet.

Avocado-Gurken-Minz-Kaltschale

Einstimmung. Suppen

Gazpacho Andaluz

Sobald es Sommer wird, findet sich diese erfrischende Spezialität in fast jedem Kühlschrank Barcelonas. Sie weckt an heißen Sommertagen nicht nur die Sinne und die Lebensgeister, sondern versorgt den Körper auch mit Mineralien und Antioxidantien. Man kann die Gazpacho Andaluz hervorragend in großen Mengen auf Vorrat zubereiten. Ob an einem warmen Sommerabend oder mittags im Schatten – sie ist einfach immer ein Genuss.

10 sonnengetrocknete Tomaten, eingeweicht
3 EL Mandeln, eingeweicht
5 reife Tomaten
1 mittelgroße Gurke
½ grüne Spitzpaprika
1 Knoblauchzehe
1 Frühlingszwiebel
1 Stängel Basilikum
Olivenöl
3 EL Zitronensaft
Meersalz, schwarzer Pfeffer aus der Mühle
2 Stängel Petersilie

Die eingeweichten Tomaten abgießen und in Streifen schneiden. Die Mandeln ebenfalls abgießen, kurz mit kaltem Wasser abspülen und abtropfen lassen. Die frischen Tomaten vom Strunk befreien und in grobe Stücke schneiden. Die Gurke schälen und in Stücke schneiden. Die Paprikaschote längs aufschneiden, entkernen und ebenfalls in Stücke schneiden. Die Knoblauchzehe schälen und zerdrücken. Die Frühlingszwiebel putzen und in feine Scheiben schneiden. Das Basilikum kalt abbrausen, trocken schütteln und die Blättchen abzupfen.

Frische und sonnengetrocknete Tomaten, Mandeln, Gurke, Paprika, Knoblauch und die Zwiebelscheiben mit 2 EL Olivenöl und dem Zitronensaft in den Mixer geben und fein mixen. Die Basilikumblättchen hinzugeben und kurz aufmixen. Mit Salz und frisch gemahlenem Pfeffer abschmecken und 1–2 Stunden kalt stellen.

Die Petersilie kalt abbrausen, trocken schütteln und fein hacken. Die Suppe in vorgekühlten Suppenschalen anrichten. Mit der fein gehackten Petersilie und frisch gemahlenem Pfeffer bestreut sowie mit einigen Tropfen Olivenöl beträufelt servieren.

Tipp
Etwas von der Gazpacho in Eiswürfelbehältern einfrieren und später in der Suppe servieren. Herrlich erfrischend an heißen Sommertagen!

Zucchini-Zitronen-Süppchen

Diese aromatisch zitronige Suppe gehört zu meinen Favoriten und findet auch bei meiner Familie und meinen Gästen großen Anklang. Eisgekühlt oder bei Zimmertemperatur ist sie ein erfrischend leichter Genuss.

3 mittelgroße Zucchini
1 Knoblauchzehe
50 ml Zitronensaft
1 TL abgeriebene Schale einer unbehandelten Zitrone
100 ml Olivenöl
1 TL Leinöl
1 EL Honig
Meersalz
2 Stängel Dill
1 Stängel Basilikum
schwarzer Pfeffer aus der Mühle
Dill, kleine Basilikumblättchen und einige Tropfen Olivenöl zum Anrichten

Die Zucchini putzen, schälen und in Stücke schneiden. Die Knoblauchzehe schälen und zerdrücken. Die Zucchinistücke mit Zitronensaft und -schale, Olivenöl, Leinöl, Knoblauch, 280 ml Wasser, Honig sowie 1 Teelöffel Meersalz in den Mixer geben und fein mixen.

Die Kräuter kurz mit kaltem Wasser abbrausen und trocken schütteln. Die Blättchen abzupfen und zu den anderen Zutaten in den Mixer geben. Kurz aufmixen. Die Suppe 2 Stunden kühl stellen.

Mit Meersalz und frisch gemahlenem Pfeffer abschmecken. Mit etwas Dill und kleinen Basilikumblättchen bestreut und mit einigen Tropfen Olivenöl beträufelt servieren.

Tipp
Diese Suppe kann man wunderbar mit anderen frischen Kräutern variieren. Versuchen Sie es einmal mit Minze oder Schnittlauch.

Orangen-Avocado-Süppchen mit Cashew-Crème-fraîche und Gemüse-Concassé

Ein raffiniertes Süppchen – süß-saure Orange trifft auf cremige Avocado.

Für das Süppchen
1 Zucchini
1 Knoblauchzehe
1 reife Avocado
½ Frühlingszwiebel
4 Orangen, Saft
2 EL Zitronensaft
2 EL Shiro Miso
1 EL Akazienhonig
2 EL frische Minze
1 Bund Koriander (ca. 80 g)
1 Prise Cayennepfeffer
Meersalz, schwarzer Pfeffer aus der Mühle

Für die Cashew-Crème-fraîche
100 g Cashewkerne, eingeweicht
2 EL Zitronensaft
1 Prise Meersalz

Für das Gemüse-Concassé
½ Zucchini
½ rote Paprikaschote
1 EL Zitronensaft
1 EL Tamari

Für das Orangen-Avocado-Süppchen die Zucchini putzen, schälen und in grobe Stücke schneiden. Den Knoblauch schälen und zerdrücken. Die Avocado längs aufschneiden, entkernen und das Fruchtfleisch mit einem Löffel aus der Schale lösen. Die Frühlingszwiebel putzen und grob zerkleinern. Die Zucchini und den Knoblauch mit Orangen- und Zitronensaft, 200 ml Wasser, der Frühlingszwiebel, Shiro Miso und Akazienhonig im Mixer zu einer Creme verarbeiten.

Die Minze und den Koriander kurz mit kaltem Wasser abbrausen, trocknen, zusammen mit dem Avocadofruchtfleisch in den Mixer zu den anderen Zutaten geben und alles nochmals zu einer feinen Creme verarbeiten. Mit Cayennepfeffer, Meersalz und frisch gemahlenem Pfeffer abschmecken.

Für die Cashew-Crème-fraîche die Cashewkerne abgießen, kurz mit kaltem Wasser abspülen und mit dem Zitronensaft, 90 ml Wasser und dem Meersalz im Mixer zu einer feinen Creme verarbeiten.

Für das Gemüse-Concassé die Zucchini putzen und fein würfeln. Die Paprikaschote längs aufschneiden, entkernen und ebenfalls fein würfeln. Die Zucchini- und die Paprikawürfel 10–15 Minuten mit dem Zitronensaft und dem Tamari marinieren.

Das Orangen-Avocado-Süppchen auf tiefe Schalen verteilen. Je 1 Esslöffel Cashew-Crème-fraîche auf die Suppe geben. Mit dem Gemüse-Concassé bestreut servieren.

Tomaten-Rote-Bete-Bouillon mit Mandelricotta-Bällchen

Ein Augenschmaus, der auch Herz und Gaumen trifft. Eine feine Bouillon mit sanften Aromen von Orange und Roter Bete, perfekt ergänzt durch die cremigen und herzhaften Mandelricotta-Bällchen.

Für die Bouillon

500 g reife Strauchtomaten
½ Frühlingszwiebel
1 kleine Spitzpaprika
1 kleine Knoblauchzehe
2 große Orangen, Saft
1 mittelgroße Rote Bete (200 g)
1 EL Olivenöl
3 EL Zitronensaft
3 EL Tamari
Meersalz, schwarzer Pfeffer aus der Mühle

Für die Mandelricotta-Bällchen

½ Bund glatte Petersilie
200 g Mandelricotta (siehe Seite 182)
1 TL abgeriebene Schale einer unbehandelten Orange
1 EL Edelhefeflocken
1 EL Pinienkerne
1 TL Meersalz
schwarzer Pfeffer aus der Mühle

Für die Tomaten-Rote-Bete-Bouillon die Tomaten vom Stielansatz befreien und in Stücke schneiden. Die Frühlingszwiebel putzen und in Stücke schneiden. Die Spitzpaprika aufschneiden, entkernen und in Streifen schneiden. Den Knoblauch schälen und pressen, die Rote Bete schälen und in kleine Stücke schneiden.

Die Tomaten mit Frühlingszwiebel, Spitzpaprika, Orangensaft, Knoblauch, Roter Bete und 200 ml Wasser in den Mixer geben und fein mixen. Die Masse durch ein Passiertuch oder einen Nussbeutel filtern. Das Olivenöl, den Zitronensaft und das Tamari hinzufügen und alles gut vermengen. Mit Salz und frisch gemahlenem Pfeffer abschmecken.

Für die Mandelricotta-Bällchen die Petersilie kurz abbrausen, mit Küchenpapier trocken tupfen und fein hacken. Etwas Petersilie zum Servieren beiseitelegen. In einer Schüssel den Mandelricotta mit der Petersilie, der Orangenschale und den Edelhefeflocken vermengen. Die Pinienkerne grob hacken und unter die Mandelricotta-Masse geben. Die Käsemasse mit Salz und frisch gemahlenem Pfeffer abschmecken. Mit angefeuchteten Händen von der Masse Nocken abnehmen und daraus Bällchen formen.

Die Mandelricotta-Bällchen in tiefe Schalen legen. Die Bouillon vorsichtig darübergießen. Mit etwas gehackter Petersilie bestreuen und servieren.

Weiße Gazpacho mit Trauben

180 g Cashewkerne, eingeweicht
3 Knoblauchzehen
3 Datteln, entkernt und eingeweicht
3 getrocknete Aprikosen, eingeweicht
2 Handvoll helle oder rote Trauben
1 EL fein gehackter Schnittlauch
3 EL Pinienkerne
40 ml Olivenöl
780 ml Mandelmilch
1 Zitrone, Saft
1 TL Meersalz
schwarzer Pfeffer aus der Mühle

Die Cashewkerne abgießen. Die Knoblauchzehen schälen und pressen. Die Datteln und die Aprikosen abgießen und in Streifen schneiden. Die Trauben halbieren. Alle Zutaten außer den Trauben und dem Schnittlauch im Mixer zu einer feinen Creme verarbeiten. Mit Meersalz und frisch gemahlenem Pfeffer abschmecken.

Die Trauben auf tiefe Schalen verteilen. Mit der Creme auffüllen und mit dem Schnittlauch bestreut servieren.

Erfrischende Avocado-Gurken-Minz-Kaltschale

2 große Gurken
4 große Tomaten
1 reife Avocado
2 Limetten, Saft
8 Minzeblättchen
4 Basilikumblättchen
4 EL Olivenöl
1 TL Leinöl
1 Prise ganzer Kreuzkümmel
1 EL geschälte Hanfsamen
½ TL Meersalz
schwarzer Pfeffer aus der Mühle

Die Gurken schälen und in grobe Stücke schneiden. Die Tomaten vom Stielansatz befreien und vierteln. Die Gurken und die Tomaten entsaften. Falls kein Entsafter zur Hand ist, einen Mixer verwenden: Die Gurken und die Tomaten fein mixen und durch ein Passiertuch oder einen Nussbeutel gießen, dabei den Saft auffangen. Den Saft zurück in den Mixer geben.

Die Avocado halbieren und entkernen. Mit einem großen Löffel das Fruchtfleisch aus der Schale lösen und in den Mixer geben. Die restlichen Zutaten ebenfalls in den Mixer geben und alles zu einer feinen Creme mixen. Mit Meersalz und frisch gemahlenem Pfeffer abschmecken. Die Suppe auf Schälchen verteilen und servieren.

Tipp
Dieses Süppchen kann bei Zimmertemperatur oder auch gekühlt serviert werden. In diesem Fall die Suppe vor dem Servieren 1–2 Stunden kühl stellen.

Pilzsüppchen mit Basilikum-Rosmarin-Öl

Pilzsüppchen mit Basilikum-Rosmarin-Öl

Als Kind liebte ich Waldpilzsuppe, meist begleitet von einem großen Semmelknödel und viel frischer Petersilie. Dieses Süppchen wird im heimatlichen München oftmals als »Schwammerlsuppe« in der Herbstsaison serviert, sobald die kühleren Tage anbrechen. Unser Süppchen schmeckt cremig, samtig, begleitet von den tiefen Aromen von Trüffel, Thymian und Oregano. Verfeinert mit ein paar Tropfen Basilikum-Rosmarin-Öl, einem späten Gruß des Sommers.

Für das Pilzsüppchen

12 braune Champignons (Egerlinge)
1 Stängel Thymian
1 Stängel Majoran
1 Knoblauchzehe
90 g Pinienkerne, eingeweicht
4 EL Cashewkerne, eingeweicht
3 EL Shiro Miso
1 TL Honig
2 EL Tamari
1 TL Trüffelöl
Meersalz
1 TL Zitronensaft
1 TL ganze grüne Pfefferkörner
1 TL getrockneter Oregano
40 ml Olivenöl
schwarzer Pfeffer aus der Mühle

Für das Basilikum-Rosmarin-Öl

250 ml Olivenöl
½ Bund Basilikum
1 TL frische Rosmarinnadeln
½ TL Meersalz
schwarzer Pfeffer aus der Mühle

Die Pilze mit einem feuchten Küchenpapier von eventuellem Schmutz befreien und in grobe Stücke schneiden. Den Thymian und den Majoran waschen, trocken schütteln, die Blättchen abstreifen und fein hacken. Die Knoblauchzehe schälen und zerdrücken.

Die Pinien- und Cashewkerne abgießen und mit den Pilzen und 750 ml Wasser in den Mixer geben. Shiro Miso, Honig, Tamari, Knoblauch, Trüffelöl, 1 Teelöffel Meersalz, Zitronensaft und den grünen Pfeffer hinzugeben und alles zu einer feinen Creme verarbeiten. Die gehackten Kräuter, den getrockneten Oregano und das Olivenöl bei laufender Maschine hinzugeben. Mit Meersalz und frisch gemahlenem Pfeffer abschmecken.

Für das Basilikum-Rosmarin-Öl alle Zutaten im Mixer etwa ½ Minute fein pürieren. Das Öl durch ein Passiertuch oder einen Nussbeutel streichen, filtern und in einer Glasflasche kühl aufbewahren.

Die Suppe kann bei Zimmertemperatur oder im Dehydrator erwärmt und in vorgewärmten Schüsseln serviert werden. Mit frisch gemahlenem Pfeffer bestreuen, mit dem Basilikum-Rosmarin-Öl beträufeln und servieren.

Erdbeer-Pfirsich-Gazpacho mit Erdbeer-Kardamom-Confit

Ein wunderbares Sommersüppchen. Superb und pfiffig.

Für die Gazpacho

1 mittelgroße Gurke
450 g Erdbeeren
1 Pfirsich
1 reife Tomate
50 g Mandeln, eingeweicht
3 Stängel Thymian
40 ml Limettensaft
Olivenöl
1 Prise Vanillepulver
½ TL ganze grüne Pfefferkörner
Meersalz
1 Handvoll Basilikumblättchen zum Garnieren
schwarzer Pfeffer aus der Mühle

Für das Confit

6 Erdbeeren
1 EL Honig
1 Prise gemahlener Kardamom
1 TL Zitronensaft
1 Prise Meersalz

Für die Erdbeer-Pfirsich-Gazpacho die Gurke schälen und in grobe Stücke schneiden. Die Erdbeeren von den grünen Blättern und den Stielansätzen befreien. Den Pfirsich aufschneiden und den Stein entfernen. Die Tomate vom Stielansatz befreien. Die Mandeln abgießen und kurz mit kaltem Wasser abspülen. Den Thymian waschen und trocken schütteln, die Blättchen vom Stängel abstreifen und fein hacken. Die vorbereiteten Zutaten mit Limettensaft, 50 ml Olivenöl, Vanillepulver, den Pfefferkörnern und Salz im Mixer pürieren. Die Basilikumblättchen waschen und trocken tupfen.

Für das Confit die Erdbeeren von den grünen Blättern und den Stielansätzen befreien und in 5 mm dicke Scheiben schneiden. In einer kleinen Schüssel Honig, Kardamom, Zitronensaft und Meersalz verrühren und mit den Erdbeerscheiben vermengen. Die Erdbeerscheiben auf eine Dörrfolie verteilen und im Dehydrator etwa 6 Stunden trocknen.

Die Gazpacho auf kleine gekühlte Schalen verteilen. Mit dem Erdbeer-Kardamom-Confit, den Basilikumblättchen, frisch gemahlenem Pfeffer und einigen Tropfen Olivenöl garnieren und servieren.

Mediterrane Gemüsesuppe mit Safran und Oliven

Barcelona ist und bleibt für mich eine Inspiration. Eine Stadt, die mit allen Sinnen lebt. Ihre Farben, ihre Menschen und ihre Architektur bilden ein Mosaik, sie reflektieren die Vielfalt, die Kreativität, die Aromen und die diversen Geschmäcker, die hier zusammenkommen. Antoni Gaudís Kunstwerke findet man überall in der Stadt. Auch die »Raw Cuisine« kann man wie ein Mosaik betrachten. Aus einer Vielzahl natürlicher, lebendiger Produkte entsteht ein Gericht.

400 g Zucchini
2 mittelgroße Karotten
2 rote Paprikaschoten
10 sonnengetrocknete Tomaten, eingeweicht
1 Frühlingszwiebel
1 Knoblauchzehe
1 Prise Safranfäden
4 Orangen, Saft
2 Zitronen, Saft
4 EL Olivenöl
3 EL Genmai Miso
1 TL Dijon-Senf
½ TL Steinpilzpulver
Meersalz
6 Romatomaten
3 Stangen Staudensellerie
1 EL Rohhonig
1 TL frisch gehackter Thymian
1 TL getrockneter Oregano
10 Kalamata-Oliven, entkernt
1 EL Pinienkerne
3 Stängel Basilikum
schwarzer Pfeffer aus der Mühle

Die Zucchini putzen und fein würfeln. Die Karotten schälen und ebenfalls fein würfeln. Eine Paprikaschote längs aufschneiden, entkernen und würfeln. Die eingeweichten Tomaten abgießen und fein hacken. Die Frühlingszwiebel putzen und in feine Scheiben schneiden. Den Knoblauch schälen und fein reiben. Die Safranfäden in einem Mörser fein mahlen und in einer kleinen Schüssel mit dem Orangen- und Zitronensaft, Olivenöl, Miso, Senf, Steinpilzpulver und 1 Teelöffel Meersalz vermengen und 5 Minuten ziehen lassen. Anschließend den fein geriebenen Knoblauch, die Frühlingszwiebelscheiben und die Zucchini-, Karotten- und Paprikawürfel hinzugeben. Alles in ein großes Schraubglas geben und dieses verschließen. Für 2 Stunden bei 42 Grad in den Dehydrator stellen, bis die Gemüsewürfel weich sind.

In der Zwischenzeit die Romatomaten vom Stielansatz befreien und in einer Saftpresse entsaften. Die zweite Paprikaschote und den Staudensellerie ebenfalls entsaften. Den Gemüsesaft in ein weiteres Schraubglas geben. Honig, Thymian und Oregano hinzugeben, kurz vermengen und das Schraubglas schließen. In den Dehydrator zu dem anderen Glas stellen und 2 Stunden bei 42 Grad erwärmen. In der Zwischenzeit die Oliven und die Pinienkerne grob hacken. Das Basilikum waschen, trocken schütteln und die Blättchen in feine Streifen schneiden.

Nach 2 Stunden die Schraubgläser öffnen und den Inhalt in einer großen Schüssel vermengen. Mit Meersalz und frisch gemahlenem Pfeffer abschmecken. Die Suppe auf vorgewärmte tiefe Schalen verteilen. Mit den Olivenstückchen, den gehackten Pinienkernen und dem Basilikum bestreuen und servieren.

Tipp
Für den besten Geschmack nur sehr reife Tomaten verwenden.

Zwiebelsuppe à la française mit Aprikosen, Rosmarin und schwarzen Oliven

Der charakteristische Duft des aromatischen, wild wachsenden Rosmarins begleitet so manchen Bewunderer der mediterranen Küste zwischen Land und Meer. Die Kräuter vereinen sich wunderbar in dieser cremigen Zwiebelsuppe, beliebt sowohl in Frankreich als auch in Katalonien an kalten, windigen Tagen. Diese herrliche Suppe kann bei Zimmertemperatur, aber auch bei 42 Grad genossen werden.

160 g Mandeln, eingeweicht
½ mittelgroße Zucchini
4 getrocknete Aprikosen, eingeweicht
2 Knoblauchzehen
2 Schalotten, getrocknet (Herstellung siehe unten)
1 EL Honig
60 g Pinienkerne
40 ml Olivenöl
1 EL Zitronensaft
1 TL abgeriebene Schale einer unbehandelten Zitrone
1 Prise frisch geriebene Muskatnuss
1 TL Meersalz
schwarzer Pfeffer aus der Mühle
1 EL frischer Rosmarin
1 TL getrocknete Kräuter der Provence
1 Handvoll schwarze Kalamata-Oliven
½ Bund Schnittlauch

Die Mandeln abgießen, kurz mit kaltem Wasser waschen und anschließend mit 800 ml Wasser in den Mixer geben und fein mixen. 5 Minuten ziehen lassen, dann das Mandelpüree durch ein feines Sieb streichen oder durch einen Nussbeutel filtern. Die Mandelmilch zurück in den Mixer geben.

Die Zucchini putzen, schälen und in grobe Stücke schneiden. Die Aprikosen abgießen und in Streifen schneiden. Die Knoblauchzehen schälen. Die vorbereiteten Zutaten mit den getrockneten Schalotten, Honig, Pinienkernen, Olivenöl sowie Zitronensaft und -schale zur Mandelmilch in den Mixer geben und fein mixen. Mit Muskatnuss, Meersalz und frisch gemahlenem Pfeffer abschmecken.

Den Rosmarin waschen, trocknen, die Nadeln abzupfen, fein hacken und mit den Kräutern der Provence in die Suppe geben und kurz aufmixen. Die Kalamata-Oliven entkernen und fein hacken. Den Schnittlauch waschen, trocken schütteln und fein schneiden.

Die Suppe in kleine Schüsseln füllen, mit dem Schnittlauch und den gehackten Oliven bestreuen und servieren.

Für die getrockneten Schalotten

Die Schalotten schälen und in 3 mm dicke Ringe schneiden. Die Schalottenringe auf ein Dörrgitter geben und 6 Stunden bei 42 Grad im Dörrgerät trocknen. Dies verstärkt die natürliche Süße und den Geschmack der Schalotten.

Tipp

Wer es warm mag, kann dieses cremige Süppchen im Dehydrator auf 42 Grad erwärmen und in vorgewärmten Tellern servieren.

Geräucherte Paprikacremesuppe

Auf Barcelonas Märkten entdeckte ich das feine, geräucherte Paprikapulver »Pimentón«. Ob süß oder scharf, schenkt der Pimentón Gerichten das beliebte Raucharoma.

120 g Cashewkerne, eingeweicht
4 sonnengetrocknete Tomaten, eingeweicht
1 rote Paprikaschote
1 reife Tomate
1 Knoblauchzehe
1 EL fein gehackte rote Zwiebel
1 TL scharfer geräucherter Pimentón
½ TL süßer geräucherter Pimentón
1 EL Honig
2 EL Zitronensaft
1 EL Edelhefeflocken
1 Stängel Thymian
1 Prise Cayennepfeffer
Meersalz

Die Cashewkerne abgießen, kurz abspülen und mit 700 ml Wasser im Mixer zu einer feinen Milch mixen. Die eingeweichten Tomaten abgießen und in Streifen schneiden. Die Paprikaschote längs aufschneiden, entkernen und in Stücke schneiden. Die frische Tomate vom Stielansatz befreien. Den Knoblauch schälen und zerdrücken.

Die vorbereiteten Zutaten mit den restlichen Zutaten außer dem Thymian zur Cashewmilch geben und zu einer feinen Creme verarbeiten. Den Thymian waschen, trocknen, die Blättchen abzupfen und fein hacken. Zur Suppe geben und kurz aufmixen.

Die Suppe auf kleine Suppenschüsseln verteilen und bei Zimmertemperatur servieren. Auf Wunsch kann diese Suppe im Dehydrator auf 42 Grad erwärmt serviert werden.

Wakame-Miso-Suppe mit marinierten Shiitakepilzen

Mitte der 90er Jahre lebte ich in San Francisco. Es gibt vermutlich keinen anderen Ort auf dieser Welt, wo sich so viele Kulturen und kulinarische Vielfalt vereinen wie in dieser wunderschönen »City by the bay«. San Francisco ist für mich der Melting Pot der internationalen Küche. Dort lernte ich auch den Winter Nordkaliforniens kennen, der ähnlich wie jener in Barcelona durch und durch geht. Umso dankbarer war ich, eine der heißen Misosuppen in einem kleinen, unscheinbaren, aber charmanten japanischen Restaurant löffeln zu dürfen, mit Blick auf das Treiben der Fischer und der vorbeieilenden Menschen.

Für die Suppe

2 g Wakame-Seealgen, 30 Minuten in kaltem Wasser eingeweicht
70 g Cashewkerne, eingeweicht
3 cm frischer Ingwer
1 kleine Knoblauchzehe
1 EL Zitronensaft
2 EL Tamari
4 EL Shiro Miso
1 EL Nori-Seealgen in Flocken
180 ml Olivenöl, zusätzlich einige Tropfen zum Anrichten
Meersalz, schwarzer Pfeffer aus der Mühle
1 Frühlingszwiebel
1 EL Sesam

Für die marinierten Shiitakepilze

160 g Shiitakepilze
2 EL Olivenöl
1 EL Tamari
1 TL Zitronensaft

Für die marinierten Pilze die Shiitakepilze mit einem angefeuchteten Küchenpapier säubern und in etwa 5 mm dicke Scheiben schneiden. In einer kleinen Schüssel das Olivenöl mit dem Tamari und dem Zitronensaft vermengen und die Shiitakepilze darin 30 Minuten marinieren.

Für die Suppe die Wakame-Seealgen abgießen, kurz mit kaltem Wasser abspülen und in Streifen schneiden. Eventuelle Stiele entfernen. Die Cashewkerne ebenfalls abgießen und kurz mit kaltem Wasser abspülen. Anschließend mit 700 ml Wasser in den Mixer geben und zu einer feinen Cashewmilch verarbeiten.

Den Ingwer schälen und fein reiben. Den Knoblauch schälen und mit der breiten Seite eines Küchenmessers zerdrücken. Ingwer, Knoblauch, Zitronensaft, Tamari, Shiro Miso, Nori-Seealgen und Olivenöl zu der Cashewmilch geben und alles zu einer feinen Creme mixen. Mit Meersalz und frisch gemahlenem Pfeffer abschmecken.

Die Frühlingszwiebel putzen und in feine Ringe schneiden. Die Shiitakepilze auf Suppenschalen verteilen. Mit der Suppe auffüllen. Die Suppe mit einigen Tropfen Olivenöl beträufeln, mit Frühlingszwiebelringen und Sesam bestreuen und servieren.

Basilikum-Hanf-Pesto

Hausgemacht. **Pasten, Dips und Saucen**

Tomaten-Pinienkern-Sobrasada

Sobrasada gehört zu den mallorquinischen Nationalgerichten. Mehrfach erprobt und von Gästen probiert, schmeckt diese fleischlose Adaption herzhaft-würzig und dürfte dem Original in nichts nachstehen.

1 rote Paprikaschote
130 g sonnengetrocknete Tomaten, eingeweicht
2 Medjool-Datteln, entkernt und eingeweicht
120 g Pinienkerne, eingeweicht
1 TL ganzer Kreuzkümmel
1 TL getrockneter Oregano
70 ml Olivenöl
1 TL Leinöl
1 TL süßer geräucherter Pimentón
½ TL scharfer geräucherter Pimentón
1 TL Agavendicksaft
1 Prise Rauchsalz
1 Prise Cayennepfeffer
schwarzer Pfeffer aus der Mühle

Die Paprikaschote längs aufschneiden, entkernen und in grobe Stücke schneiden. Bei 42 Grad 6 Stunden dehydrieren. Alternativ kann die Paprika auch ohne Dehydrieren verwendet werden, jedoch ist der Geschmack dann nicht so intensiv. Die eingeweichten Tomaten und Datteln abgießen, etwas abtropfen lassen und in feine Streifen schneiden. Die Pinienkerne ebenfalls abgießen. Den Kreuzkümmel im Mörser zu einem feinen Pulver verarbeiten.

Die vorbereiteten Zutaten mit Oregano, Oliven- und Leinöl, Pimentón und Agavendicksaft in eine Küchenmaschine geben und zu einer feinen Creme verarbeiten. Mit Rauchsalz, Cayennepfeffer und frisch gemahlenem Pfeffer abschmecken.

Die Sobrasada in eine kleine Schüssel geben und zugedeckt etwa 2 Stunden durchziehen lassen. Mit Crackern und/oder Crudités servieren. Die Sobrasada kann auch als Füllung von großen Tomaten oder Paprikaschoten verwendet werden.

Tipp
Gerne können Sie frische Chili oder mehr Cayennepfeffer hinzugeben. Für alle, die gerne schärfer essen: Falls kein Pimentón zur Hand ist, greifen Sie zu normalem Paprikapulver.

Meergemüse

Eine Delikatesse, reich an pflanzlichen Proteinen und mit einem Geschmack nach fein-herben Kapern, Dill und Meer.

7 g getrocknete Wakame-Seealgen, 30 Minuten in kaltem Wasser eingeweicht
7 g Nori-Seealgen in Flocken, 30 Minuten in kaltem Wasser eingeweicht
1 Frühlingszwiebel
7 g Rotalgenflocken
150 ml Olivenöl
3 EL Zitronensaft
½ TL Cayennepfeffer
1 Bund Dill
2 Stängel Petersilie
1 EL in Salz eingelegte Kapern
schwarzer Pfeffer aus der Mühle

Die Wakame-Seealgen und die Nori-Seealgen jeweils abgießen, kurz mit kaltem Wasser abspülen und gut abtropfen lassen. Die Wakame-Seealgen in feine Streifen schneiden, eventuelle harte Stiele entfernen. Die Frühlingszwiebel putzen und in feine Ringe schneiden. Die vorbereiteten Zutaten mit den Rotalgenflocken, dem Olivenöl, dem Zitronensaft und dem Cayennepfeffer in der Küchenmaschine zu einer feinen Creme verarbeiten

Den Dill und die Petersilie kurz mit kaltem Wasser abbrausen und sanft trocken tupfen. Den Dill von den Stängeln zupfen und fein schneiden, die Petersilie fein hacken. Die Kapern kalt waschen und vom Salz befreien, anschließend fein hacken. Die Creme in eine Schüssel geben und den Dill, die Petersilie und die Kapern unterheben. Mit frisch gemahlenem Pfeffer abschmecken.

Tipp

Das Gemüse dekorativ auf 5 mm dicken Gurkenscheiben servieren und mit etwas frisch gehackter Petersilie bestreuen.

Guacamole de Xela

Jedes Land hat sein Nationalgericht, so darf in Guatemala und Mexiko die typische Guacamole auf keinem Tisch fehlen. Während eines langen Aufenthaltes in Quetzaltenango, in Guatemala, genoss ich die Vielfalt von reifen duftenden Früchten und Avocados auf den Märkten. Abends hörte man in den Straßen das typische Klatschen von Händen, ein Zeichen dafür, dass die Frauen dabei waren, für ihre Familien Tortillas zuzubereiten. Traditionell reicht man dazu Guacamole, Sauerrahm sowie eine scharf-erfrischende Salsa (siehe folgende Rezepte).

1 mittelgroße rote Zwiebel
3 Romatomaten
2 Knoblauchzehen
½ Bund Koriander
1 Jalapeño-Chili
5 reife Avocados
2 Limetten, Saft
1 TL getrockneter Oregano
½ TL abgeriebene Schale einer unbehandelten Limette
Meersalz, schwarzer Pfeffer aus der Mühle

Die rote Zwiebel schälen und fein würfeln. Die Tomaten vom Stielansatz befreien, entkernen und ebenfalls fein würfeln. Die Knoblauchzehen schälen und fein hacken. Den Koriander kalt abbrausen, trocken tupfen und die Blättchen abzupfen. Die Jalapeño-Chili längs aufschneiden, entkernen und in feine Streifen schneiden. Die Avocados aufschneiden und den Kern entfernen. Mit einem Esslöffel das Fruchtfleisch herauslösen und in eine Schüssel geben. Den Limettensaft und den Knoblauch hinzugeben und das Avocadofleisch mit einer Gabel zerdrücken, bis eine grobe Guacamole entstanden ist. Auf Wunsch kann sie auch fein püriert werden.

Die Chili, den Oregano, die Korianderblättchen und die Limettenschale hinzugeben, dann die Tomaten- und Zwiebelwürfel unterheben und die Guacamole mit Meersalz und frisch gemahlenem Pfeffer abschmecken.

Tipp
Den Avocadokern bis zum Servieren in die Guacamole geben, das hält die feine Salsa länger frisch und verhindert, dass sich das Avocadofleisch unschön verfärbt.

Pico de Gallo

1 rote Zwiebel
5 Tomaten
1 Jalapeño-Chili
1 unbehandelte Limette, Saft und etwas abgeriebene Schale
Meersalz, schwarzer Pfeffer aus der Mühle
2 Stängel Basilikum
1 Bund Koriander

Die Zwiebel schälen und fein würfeln. Die Tomaten vom Stielansatz befreien und ebenfalls fein würfeln. Die Chili längs aufschneiden, entkernen und fein hacken.

In einer Schüssel die Zwiebel- und Tomatenwürfel mit der gehackten Chili und Limettensaft und -schale vermengen. Mit Salz und frisch gemahlenem Pfeffer abschmecken.

Das Basilikum und den Koriander waschen, trocken tupfen, fein hacken und unter die Salsa heben. Erneut mit Meersalz abschmecken und servieren.

Limetten-Cashew-Sourcream

Kühlende Sourcream als Kontrast zu scharfer Salsa.

160 g Cashewkerne
2 Limetten, Saft
1 unbehandelte Limette, abgeriebene Schale
1 TL Edelhefeflocken
etwas Meersalz
1 Stängel Koriander

Alle Zutaten außer dem Koriander mit 100 ml Wasser im Mixer zu einer feinen Creme verarbeiten. Den Koriander kalt abbrausen, trocken tupfen und fein hacken. Die Creme in einer Schüssel mit dem Koriander mischen und als Dip mit Crudités reichen.

Oliven-Zitronen-Tapenade

Ich fühle mich gesegnet, auch eine herzliche katalanische Familie und gute Freunde rund um Barcelona zu haben. Ich erlebe so viele inspirierende Momente mit ihnen. Im Herbst ist es üblich, auf die Pirsch nach Oliven zu gehen und diese nach Lust und Geschmack einzulegen. Auch diese schnell zubereitete und haltbare Tapenade ist eine Inspiration aus dem Süden.

300 g Kalamata-Oliven
1 Knoblauchzehe
1 TL Zitronensaft
1 TL abgeriebene Schale einer unbehandelten Zitrone
4 EL Olivenöl, zusätzlich zum Bedecken
1 TL frische Rosmarinnadeln
1 TL getrocknete Kräuter der Provence
1 EL in Salz eingelegte Kapern
1 Prise Cayennepfeffer
Meersalz, schwarzer Pfeffer aus der Mühle

Die Oliven entkernen und in eine Küchenmaschine geben. Den Knoblauch schälen, fein reiben und mit Zitronensaft und -schale sowie dem Olivenöl in die Küchenmaschine zu den Oliven geben. Alles mit der Pulse-Funktion zu einer groben Tapenade verarbeiten. Den Rosmarin waschen, trocken tupfen, fein hacken und mit den Kräutern der Provence kurz in die Tapenade einarbeiten.

Die Tapenade in eine Schüssel geben. Die Kapern waschen, vom Salz befreien und fein hacken. Zu der Tapenade geben und ebenfalls unterheben. Mit dem Cayennepfeffer, Meersalz und frisch gemahlenem Pfeffer abschmecken.

Die Tapenade in ein kleines Schraubglas füllen und mit etwas Olivenöl bedecken. 2 Stunden ziehen lassen und mit Crudités oder Crackern servieren.

Salsa Romesco

Eine in Barcelona typische und klassische Salsa. Ursprünglich kommt sie aus Tarragona, einer charmanten Küstenstadt unterhalb von Barcelona. In Barcelona entdeckte ich die ungewöhnlichen »Ñoras«, geräucherte Paprikaschoten. Sie sind das Geheimnis dieser traditionellen Salsa, der sie den unvergleichlichen, leicht rauchigen Geschmack und die charakteristische Farbe schenken.

8 Ñoras (geräucherte Paprikaschoten) mindestens 5 Stunden eingeweicht
1 EL frischer Rosmarin
3 Knoblauchzehen
1 Chilischote nach Belieben
3 reife Strauchtomaten
150 g Haselnüsse, eingeweicht
40 ml Zitronensaft
etwas abgeriebene Schale einer unbehandelten Zitrone
4 EL Olivenöl
1 TL Leinöl
Meersalz, schwarzer Pfeffer aus der Mühle

Sobald die Paprikaschoten schön weich sind, das Einweichwasser abgießen. Die Schoten aufschneiden, das Fruchtfleisch mit einem Teelöffel herausschaben und in den Mixer geben.

Den Rosmarin waschen, trocknen, die Nadeln abzupfen und fein hacken. Den Knoblauch schälen und fein reiben. Die Chili falls verwendet längs aufschneiden, entkernen und fein hacken. Die Tomaten vom Stielansatz befreien, in grobe Stücke schneiden und ebenfalls in den Mixer geben. Die Haselnüsse abgießen, kurz mit kaltem Wasser waschen und mit Zitronensaft und -schale, Knoblauch, Chili nach Belieben, Olivenöl, Leinöl und 1 Teelöffel Meersalz in den Mixer geben und alles zu einer feinen Creme verarbeiten.

Die Creme in eine Glasschüssel geben, den Rosmarin unterrühren und die Salsa mit Salz und frisch gemahlenem Pfeffer abschmecken.

Tipp

Falls keine Ñoras zur Hand sind: 6 rote Paprikaschoten entkernen, in grobe Stücke schneiden, mit etwas Rauchsalz bestreuen und mit Olivenöl beträufeln. Auf einem Dörrgitter im Dehydrator bei 42 Grad über Nacht trocknen.

Für eine feinere Konsistenz die Salsa Romesco durch ein Passiersieb geben. Der Vorgang kann so lange wiederholt werden, bis die gewünschte Konsistenz erreicht ist.

Mandel-Meeresalgen-Pâté

Mandel-Meeresalgen-Pâté

Eine ganz besondere Pâté, die so manchen an den intensiven Geschmack nach Salz und Meer erinnert. Überraschen Sie Ihre Gäste und reichen Sie sie mit feinen Crackern, Crudités oder einem frischen Salat.

4 g getrocknete Wakame-Seealgen, 30 Minuten in kaltem Wasser eingeweicht
4 g Nori-Seealgen in Flocken, 10 Minuten in kaltem Wasser eingeweicht
70 g Sonnenblumenkerne, eingeweicht
50 g Mandeln, eingeweicht
1 Stange Staudensellerie
1 EL Kapern
1 TL getrockneter Dill
1 EL fein gehackte rote Zwiebel
1 EL Zitronensaft
3 Stängel Dill
2 Stängel Petersilie
1 TL Meersalz
schwarzer Pfeffer aus der Mühle

Die Wakame-Seealgen abgießen, mit kaltem Wasser abwaschen, mit einem Küchenpapier trocken tupfen und in feine Streifen schneiden. Die Nori-Seealgen ebenfalls abgießen und kurz abspülen. Die Sonnenblumenkerne und die Mandeln abgießen, kurz waschen und abtropfen lassen. Den Staudensellerie schälen und fein würfeln. Die Kapern fein hacken.

Mandeln, Sonnenblumenkerne, Staudensellerie, getrockneten Dill, Zwiebel, Zitronensaft und die Algen in eine Küchenmaschine geben und mit der Pulse-Funktion zu einer feinen Pâté verarbeiten.

Den Dill und die Petersilie waschen, trocken schütteln, fein hacken und in einer Schüssel mit der Pâté vermengen. Mit Salz und frisch gemahlenem Pfeffer abschmecken.

Tipp

Die Pâté kann pur oder mit Crudités serviert werden. Sie eignet sich auch hervorragend als Füllung für Kohlrabi-Ravioli oder für Nori-Rollen mit Gemüsestreifen.

Rotes Paprika-Chili-Pesto

250 g rote Paprikaschoten
6 sonnengetrocknete Tomaten, 2 Stunden eingeweicht
1 Knoblauchzehe
1 kleine Chilischote
90 ml Olivenöl
1 EL Zitronensaft
60 g Pinienkerne
2 Stängel Petersilie
Meersalz, schwarzer Pfeffer aus der Mühle

Die Paprikaschoten längs aufschneiden, entkernen und in grobe Stücke schneiden. Auf ein Dörrgitter legen und im Dehydrator 8 Stunden trocknen. Die eingeweichten Tomaten abgießen und in feine Streifen schneiden. Die Knoblauchzehe schälen und zerdrücken. Die Chili längs aufschneiden, entkernen und in Streifen schneiden.

Die getrockneten Paprikastücke mit Knoblauch, Chili, Tomatenstreifen, Olivenöl, Zitronensaft und den Pinienkernen in den Mixer geben und zu einem feinen Pesto mixen. Die Petersilie kurz abbrausen, trocken tupfen, die Blättchen abzupfen, fein hacken und unter das Pesto heben. Mit Meersalz und frisch gemahlenem Pfeffer abschmecken.

Rote-Bete-Orangen-Hummus

180 g Rote Bete
7 EL Olivenöl
Meersalz
1 TL Zitronensaft
100 g Sesam, 1 Stunde eingeweicht
1 Knoblauchzehe
2 EL ganzer Kreuzkümmel
½ kleine rote Zwiebel
1 EL Kürbiskerne
½ Bund Koriander
1 Stängel Minze
2 Orangen, Saft
etwas abgeriebene Schale einer unbehandelten Orange
½ TL Cayennepfeffer
2 Kaffirlimettenblätter
4 EL Tahini
Pfeffer aus der Mühle
1 TL Schwarzkümmel

Die Rote Bete schälen, grob raspeln, in eine Schüssel geben und mit etwa 2 Esslöffeln Olivenöl, etwas Salz und dem Zitronensaft vermengen. Zugedeckt 1 Stunde ziehen lassen.

Den Sesam abgießen, kurz mit kaltem Wasser abspülen und gut abtropfen lassen. Die Knoblauchzehe schälen und zerdrücken. Den Kreuzkümmel im Mörser zu einem feinen Pulver mahlen. Die rote Zwiebel schälen und in feine Würfel schneiden. Die Kürbiskerne fein hacken. Den Koriander kalt abbrausen und trocken schütteln. Die Blättchen abzupfen, die Stängel aufbewahren und fein schneiden. Die Minze kalt abbrausen, trocken tupfen, die Blättchen abzupfen und in feine Streifen schneiden.

Rote Bete, Sesam, Knoblauch, Zwiebel, Korianderstängel, Orangensaft und -schale, restliches Olivenöl, Cayennepfeffer, Kreuzkümmel und die Kaffirlimettenblätter in den Mixer geben und alles zu einer feinen Creme verarbeiten. Das Tahini hinzufügen und gut in die Creme einarbeiten.

Die Creme in einer großen Schüssel mit den Korianderblättchen, der Minze und den gehackten Kürbiskernen vermischen. Mit Meersalz und frisch gemahlenem Pfeffer abschmecken. Mit Schwarzkümmel bestreut anrichten. Dazu schmecken Crudités.

Petersilien-Aïoli

»Aï-ol-i«, was nichts anderes bedeutet als »Knoblauch und Öl«, ist eine der ältesten Saucen der katalanischen Küche und heute in Europa weitverbreitet. Ihre Ursprünge gehen bis zu den Romanen zurück. Auch im Süden Frankreichs wird Aïoli gerne gereicht.

8 Knoblauchzehen
250 ml Olivenöl
2 Stängel Petersilie
Meersalz

Die Knoblauchzehen schälen, fein hacken und in einen Mörser geben. Mit dem Pistill des Mörsers zu einem feinen Brei stampfen. Immer wieder rühren und stampfen, bis eine gleichmäßige Creme entsteht. Nach und nach das Olivenöl hinzugeben und gleichmäßig weiterrühren, bis sich eine helle Emulsion bildet. Fortfahren, bis das ganze Öl eingearbeitet ist.

Die Petersilie kurz abbrausen, trocken tupfen und fein hacken, dann mit dem Aïoli mischen. Das Aïoli mit Meersalz abschmecken. Diese köstliche Salsa hält sich gekühlt im Schraubglas bis zu zwei Wochen.

Zitronen-Basilikum-Pesto

Aromatische Pestos sind nicht nur eine einfache Delikatesse, sondern ein Muss in der Rohkostküche. Dieses Pesto ist ein Klassiker, einfach zuzubereiten und im Kühlschrank mehrere Tage haltbar.

1 großes Bund Basilikum (etwa 120 g)
1 Handvoll frische glatte Petersilie
150 g Pinienkerne
130 ml Olivenöl, zusätzlich etwas zum Beträufeln
1 TL Leinöl
1 EL Genmai Miso
50 ml Zitronensaft
1 unbehandelte Zitrone, abgeriebene Schale
1 TL Meersalz
schwarzer Pfeffer aus der Mühle

Das Basilikum und die Petersilie abbrausen, trocken tupfen und die Blättchen abzupfen. Beides mit den Pinienkernen, Olivenöl, Leinöl, Genmai Miso sowie Zitronensaft und -schale in eine Küchenmaschine geben und mit der Pulse-Funktion zu einem groben oder feinen Pesto verarbeiten. Mit Meersalz und frisch gemahlenem Pfeffer abschmecken. In ein Schraubglas abfüllen und mit etwas Olivenöl beträufeln.

Mandel-Salbei-Pesto

6 EL Mandeln, eingeweicht
1 Knoblauchzehe
1 Bund Petersilie
40 Salbeiblättchen
160 ml Olivenöl
1 Zitrone, Saft
1 TL abgeriebene Schale einer unbehandelten Zitrone
1 EL Edelhefeflocken
Meersalz, schwarzer Pfeffer aus der Mühle

Die Mandeln abgießen, kurz waschen und abtropfen lassen, anschließend grob hacken. Den Knoblauch schälen und fein hacken. Die Petersilie waschen und den Salbei waschen und trocken schütteln. Die Petersilienblättchen abzupfen und mit den Salbeiblättern, dem Knoblauch, den Mandeln und dem Olivenöl in einem Mörser oder einer Küchenmaschine zu einem feinen Pesto verarbeiten. Das Pesto in einer Schüssel mit Zitronensaft und -schale sowie den Edelhefeflocken vermengen. Mit Meersalz und frisch gemahlenem Pfeffer abschmecken.

Basilikum-Hanf-Pesto

3 Handvoll Spinat
1 Handvoll frisches Basilikum
1 Knoblauchzehe
6 EL geschälte Hanfsamen
3 EL Zitronensaft
4 EL Olivenöl
½ TL Steinsalz
schwarzer Pfeffer aus der Mühle

Den Spinat und das Basilikum waschen und trocken schütteln, die Knoblauchzehe schälen. Alles mit den restlichen Zutaten in eine Küchenmaschine geben und mit der Pulse-Funktion zu einem feinen Pesto verarbeiten. Mit dem Steinsalz und frisch gemahlenem Pfeffer abschmecken.

Frische. **Salate**

Karotten-Rotkohl-Meersalat mit Ingwer-Zitronengras-Dressing

Für den Salat
12 g Meersalat, 20 Minuten in kaltem Wasser eingeweicht
4 Stängel Koriander
3 Karotten
1 kleiner Daikonrettich
½ Rotkohl
1 Frühlingszwiebel
Meersalz, schwarzer Pfeffer aus der Mühle
je 2 EL weißer Sesam und Sonnenblumenkerne zum Bestreuen

Für das Dressing
40 g Tamari
30 g frischer Ingwer, geschält
1 Limette, Saft
1 Orange, Saft
4 Datteln, entkernt
1 Stängel Zitronengras
3 EL Olivenöl
1 TL Sesamöl
1 Stängel Minze

Für das Dressing alle Zutaten zusammen mit 5 Esslöffeln Wasser in den Mixer geben und fein mixen, für eine feinere Konsistenz anschließend durch ein Sieb passieren.

Für den Salat den Meersalat abgießen und kurz mit kaltem Wasser abbrausen. Mit einem Küchenpapier trocken tupfen und in feine Streifen schneiden. Den Meersalat in eine Schüssel geben und mit einigen Löffeln Dressing etwa 15 Minuten marinieren.

Den Koriander kalt abbrausen, trocken tupfen, einige Blättchen für die Dekoration zupfen und den Rest samt Stängeln fein hacken. Die Karotten und den Daikonrettich schälen und auf einer Gemüsereibe fein raspeln. Den Rotkohl auf einer Mandoline hauchdünn reiben. Die Frühlingszwiebel putzen und in feine Ringe schneiden.

Koriander, Karotten, Rotkohl, Daikon, Frühlingszwiebel und den marinierten Meersalat in eine große Schüssel geben, nach Belieben Dressing hinzugeben und mit Meersalz und frisch gemahlenem Pfeffer abschmecken. Auf kleine Teller verteilen, mit den beiseitegelegten Korianderblättchen sowie mit Sesam und Sonnenblumenkernen bestreuen und servieren.

Shiitake-Wakame-Ingwer-Salat

Einer meiner Lieblingssalate.

Für den Salat
25 g getrocknete Wakame-Seealgen, 30 Minuten in kaltem Wasser eingeweicht
1 große Karotte
1 rote Paprikaschote
1 Landgurke
1 Chilischote
½ rote Zwiebel
8 Shiitakepilze
3 cm frischer Ingwer
1 Knoblauchzehe
1 Handvoll Wasserspinat
2 Stängel Thai-Basilikum
3 Stängel Koriander
8 frische Minzeblättchen
1 EL weißer Sesam

Für die Marinade
2 EL Tamari
1 TL geröstetes Sesamöl
2 EL Rohhonig
1 Limette, Saft
1 Prise Cayennepfeffer

Für die Marinade alle Zutaten in eine Schüssel geben und gut vermengen.

Für den Salat die Wakame-Seealgen abgießen, mit kaltem Wasser abspülen und gut abtropfen lassen. In feine Streifen schneiden, eventuelle harte Teile entfernen. Die Seealgen mit der Marinade vermengen und 10 Minuten ziehen lassen.

Die Karotte schälen und raspeln. Die Paprikaschote längs aufschneiden, entkernen und in feine Streifen schneiden. Die Landgurke entkernen und in Streifen raspeln. Die Chilischote längs aufschneiden, entkernen und fein hacken. Die rote Zwiebel schälen und fein würfeln.

Die Shiitakepilze mit einem leicht angefeuchteten Küchenpapier von eventuellem Schmutz befreien und in feine Scheiben schneiden. Den Ingwer und den Knoblauch schälen und auf einer Microplanereibe fein reiben. Den Wasserspinat von den Stängeln befreien. Das Thai-Basilikum und den Koriander waschen, trocknen und die Blättchen abzupfen. Die Minzeblättchen waschen, trocknen und in feine Streifen schneiden.

Alle Zutaten bis auf die Korianderblättchen und den Sesam in eine große Schüssel geben und miteinander vermengen. Den Salat 5 Minuten ziehen lassen und auf kleine Teller verteilen. Mit Sesam und Korianderblättchen bestreuen und servieren.

Rote-Bete-Trauben-Carpaccio mit Blaubeeren-Honig-Senf-Sauce

Rote Bete ist durch ihre Farbgebung und ihre Musterung eines der attraktivsten Wurzelgemüse. Sie eignet sich hervorragend als Basis für Salate, Ravioli oder wie hier für ein attraktives Carpaccio.

Für das Carpaccio
800 g Rote Bete
50 ml Orangensaft
½ TL Meersalz
½ Bund Koriander
250 g weiße Trauben
3 EL Pistazien
1 EL Kürbiskerne

Für die Sauce
150 g Blaubeeren
2 EL Dijon-Senf
4 EL Haselnussöl
2 EL Honig
1 TL Ingwersaft
2 EL Zitronensaft
etwas gemahlener Koriander
½ TL Meersalz
schwarzer Pfeffer aus der Mühle

Für das Carpaccio die Rote Bete schälen und in feine Scheiben hobeln. Die Scheiben entweder in ihrer Form belassen, in die gewünschte Form schneiden oder mit einem Speisering rund ausstechen. Die Rote-Bete-Scheiben auf einem großen Teller nebeneinander auslegen.

In einer Schüssel den Orangensaft und das Salz miteinander vermengen und die Rote-Bete-Scheiben mit der Marinade beträufeln, dann die Marinade mit einem Pinsel gleichmäßig über der Roten Bete verteilen. Mindestens 40 Minuten abgedeckt ziehen lassen.

In der Zwischenzeit den Koriander kalt abbrausen, trocken tupfen und die Blättchen abzupfen. Die Trauben halbieren. Die Pistazien und die Kürbiskerne fein hacken.

Für das Dressing die Blaubeeren mit Dijon-Senf, Haselnussöl, Honig, Ingwersaft, Zitronensaft, gemahlenem Koriander und dem Meersalz in den Mixer geben und zu einer feinen Sauce mixen. Mit frisch gemahlenem Pfeffer abschmecken.

Die Rote-Bete-Scheiben auf flachen Tellern anrichten und mit der Sauce beträufeln. Mit den halbierten Trauben, den gehackten Pistazien und Kürbiskernen und den Korianderblättchen bestreuen und servieren.

Babyspinat-Granatapfel-Salat

Babyspinat-Granatapfel-Salat mit Honig-Senf-Birnen-Vinaigrette

Im wahrsten Sinne ein brillanter Salat, ein idealer Starter für ein festliches Essen.

Für den Salat
400 g Babyspinat
1 Granatapfel
50 g Pinienkerne
2 EL Korinthen

Für die Vinaigrette
1 reife Birne
30 ml Zitronensaft
70 ml Olivenöl
2 EL Shiro Miso
1 TL Dijon-Senf
1 EL Honig
2 EL Kürbiskerne
Meersalz, schwarzer Pfeffer aus der Mühle

Für den Salat den Babyspinat waschen und trocken tupfen. Den Granatapfel aufschneiden und die Kerne auslösen. Die Pinienkerne grob hacken.

Für die Vinaigrette die Birne entkernen. Dann alle Zutaten für die Vinaigrette außer den Kürbiskernen in den Mixer geben und fein mixen. Die Kürbiskerne fein hacken und mit dem Dressing vermengen. Mit Salz und frisch gemahlenem Pfeffer abschmecken.

Den Babyspinat mit den Granatapfelkernen, den gehackten Pinienkernen und den Korinthen in eine große Schüssel geben und gründlich vermischen. Den Salat mit der Vinaigrette vermengen und mit Salz und frisch gemahlenem Pfeffer abschmecken.

Artischocken-Minz-Salat

In den Monaten Januar bis März findet man Artischocken auf den Märkten Barcelonas in den Farben Grün bis Lila. Viele Leute sind überrascht, dass man die köstliche Artischocke auch roh genießen kann. Ja, man kann!

1 Knoblauchzehe
4 EL Olivenöl
1 TL Leinöl
5 EL Zitronensaft
Meersalz
1200 g Artischocken
8 sonnengetrocknete Tomaten, eingeweicht
1 Frühlingszwiebel
2 Stängel Minze
2 Stängel Petersilie
schwarzer Pfeffer aus der Mühle

Den Knoblauch schälen, fein reiben und in einer Schüssel mit Olivenöl, Leinöl, Zitronensaft und 1 Prise Meersalz vermengen. Die Artischocken bis auf das Herz schälen. Die Artischockenherzen in feine Scheiben schneiden und gut mit der Marinade vermengen. Mindestens 4 Stunden abgedeckt ziehen lassen, hin und wieder umrühren.

Die eingeweichten Tomaten abgießen und in feine Streifen schneiden. Die Frühlingszwiebel putzen und in feine Ringe schneiden. Die Minze und die Petersilie waschen, trocknen, die Blättchen von den Stängeln zupfen und fein hacken. Einige Blättchen zum Garnieren aufbewahren.

Die Artischocken mit den Tomatenstreifen, den Frühlingszwiebelringen sowie den Petersilien- und Minzeblättchen vermengen. Mit Meersalz und frisch gemahlenem Pfeffer abschmecken. Den Salat auf kleine Teller verteilen und mit den restlichen Minze- und Petersilienblättchen bestreut servieren.

Kimchi

Kimchi, das traditionelle Gericht Koreas, ist ein Spektakel für alle Sinne, es leuchtet in allen Farben und ist äußerst vielfältig zuzubereiten. Kimchi ist eine althergebrachte Art, Gemüse durch natürliche Fermentierung für mehrere Monate haltbar zu machen. Bevor sich die Winterkälte über das Land und die Gärten legt, wird aus dem Garten allerlei Gemüse in großen Mengen geerntet, und die Familien helfen sich gegenseitig bei der Zubereitung des Kimchis. Man muss dabei wissen, dass jede Familie ihr eigenes, traditionell überliefertes und wohlgehütetes Rezept zur Herstellung von Kimchi hat. Kimchi wird in Südkorea wie Reis zu jeder Mahlzeit gereicht. In der Rohkostküche ist es sehr begehrt wegen seines charakteristischen Geschmacks und wegen der in ihm enthaltenen wertvollen Vitalstoffe.

½ Rotkohl
1 Chinakohl
1 Frühlingszwiebel
3–5 cm frischer Ingwer
2 Knoblauchzehen
1 Bund frischer Koriander
1 Karotte
1 kleine rote Paprikaschote
1 rote Chilischote
1 EL Rotalgenflocken
2 Limetten, Saft
2 EL Sesamöl
Himalayasalz
einige große Kohlblätter ohne Strunk

Den Rotkohl und den Chinakohl fein hobeln oder in der Küchenmaschine fein raspeln. Die Frühlingszwiebel putzen und in feine Streifen schneiden. Den Ingwer und den Knoblauch schälen und fein reiben. Den Koriander kurz abbrausen, trocken tupfen und die Blättchen von den Stängeln zupfen. Die Karotte schälen und fein raspeln. Die Paprika längs aufschneiden, entkernen und in feine Streifen schneiden. Die Chilischote längs aufschneiden, entkernen und fein hacken. Die vorbereiteten Zutaten in eine Schüssel geben.

Die Rotalgenflocken, den Limettensaft, das Sesamöl und Himalayasalz hinzugeben und das Gemüse 5 Minuten kräftig mit den Händen kneten, bis es anfängt reichlich Gemüsewasser zu verlieren. Eventuell etwas mehr Salz hinzufügen.

Das weiche Gemüse löffelweise dicht in ein hohes Glasgefäß schichten, sodass keine Luft im Gefäß bleibt. Mit einem oder mehreren Kohlblättern abschließen und mit Gemüsewasser auffüllen, dabei darauf achten, dass das Gemüse mit Gemüsewasser bedeckt ist. Das offene Glas mit einem sauberen Küchentuch umwickeln und an einem warmen Platz 5–10 Tage fermentieren lassen. Nach der gewünschten Fermentierungszeit das Gemüsewasser abgießen. Das Kimchi in ein sauberes Glasgefäß umfüllen und im Kühlschrank aufbewahren; gekühlt hält es bis zu drei Monate. Kimchi kann pur genossen werden oder zu Salat oder jedem beliebigen Gericht gereicht werden.

Tipps
Variieren Sie Ihr Kimchi nach Belieben. Fügen Sie zum Beispiel Daikonrettich oder Radieschen hinzu. Je nach gewünschter Schärfe verwenden Sie mehr oder weniger Chili.

Herbstlicher Granatapfel-Fenchel-Salat

2 Fenchelknollen
1 Granatapfel
1 rote Birne
1 EL Kürbiskerne
1 Blutorange, Saft
2 EL Zitronensaft
4 EL Hanföl
2 EL Blaumohn
Meersalz, schwarzer Pfeffer aus der Mühle
1 EL geschälte Hanfsamen

Das Fenchelgrün abzupfen und fein schneiden. Die Fenchelknollen hauchdünn hobeln. Den Granatapfel aufschneiden und die Granatapfelkerne auslösen. Die Birne entkernen und in feine Scheiben hobeln. Die Kürbiskerne fein hacken. In einer Schüssel den Blutorangensaft mit dem Zitronensaft und dem Hanföl vermengen. Den Blaumohn dazugeben, verrühren und einige Minuten einweichen lassen.

Die vorbereiteten Zutaten bis auf das Fenchelgrün und die Kürbiskerne in einer großen Schüssel vermengen. Das Fenchelgrün unterheben. Den Salat mit Meersalz und frisch gemahlenem Pfeffer abschmecken und 5 Minuten ziehen lassen, dann auf kleine Teller verteilen. Mit den Hanfsamen und den gehackten Kürbiskernen bestreuen und servieren.

Japanischer Gurkensalat mit Petersilien-Ingwer-Sesam-Sauce

6 mittelgroße Gurken
1 Bund Petersilie
1 Bund Koriander
2 kleine Knoblauchzehe
120 ml Zitronensaft
2 Limetten, Saft
1 unbehandelte Limette, abgeriebene Schale
4 EL Kokosblütenzucker
60 ml geröstetes Sesamöl
20 ml Ingwersaft
Meersalz, schwarzer Pfeffer aus der Mühle
2 Frühlingszwiebeln
2 TL Rotalgenflocken
1 EL schwarzer Sesam
1 EL weißer Sesam

Die Gurken schälen, längs aufschneiden und mit einem Teelöffel die Kerne entfernen. Die Gurken in etwa 5 mm dicke Scheiben schneiden. Die Petersilie und den Koriander kurz kalt abbrausen, trocken tupfen und grob schneiden.

Den Knoblauch schälen und zerdrücken. Die gehackten Kräuter mit Knoblauch, Zitronensaft, Limettensaft und -schale, Kokosblütenzucker, Sesamöl und Ingwersaft in den Mixer geben und mixen, bis eine feine Sauce entstanden ist.

Die Gurkenscheiben mit der Kräutersauce in einer großen Schüssel vermengen. Nach Belieben mit Meersalz und frisch gemahlenem Pfeffer abschmecken. Die Frühlingszwiebel putzen und in Ringe schneiden. Den Gurkensalat auf Tellern verteilen, mit den Rotalgenflocken, den Frühlingszwiebelringen und dem Sesam bestreuen und servieren.

Apfel-Bete-Salat mit Cashew-Meerrettich-Creme

Dieser scharf-würzige Salat mit der herben Note von Meerrettich ist ein Klassiker der nordischen Küche.

Für den Salat
2 Äpfel, saure Sorte
4 mittelgroße Rote-Bete-Knollen
2 Stängel krause Petersilie
1 TL kleine Kapern
1 Handvoll Weintrauben
1 Frühlingszwiebel
1 TL Zitronensaft
1 Prise Meersalz

Für die Cashew-Meerrettich-Creme
2 Stängel Dill
150 g Cashewkerne, eingeweicht
1 Zitrone, Saft
1 TL abgeriebene Schale einer unbehandelten Zitrone
1 EL frisch geriebener Meerrettich
2 EL Olivenöl
1 TL Honig
½ TL Meersalz
schwarzer Pfeffer aus der Mühle

Für den Salat die Äpfel entkernen und auf einer Mandoline in feine Stifte hobeln. Die Rote Bete schälen und ebenfalls auf einer Mandoline in feine Stifte hobeln. Die Petersilie waschen und trocken schütteln, die Blättchen abzupfen und fein hacken. Die Kapern fein hacken, die Trauben halbieren. Die Frühlingszwiebel putzen und in feine Ringe schneiden. Die vorbereiteten Zutaten in einer Schüssel vermengen. Den Zitronensaft hinzugeben. Den Salat mit Meersalz abschmecken.

Für die Creme den Dill waschen, trocken schütteln, die Dillspitzen abzupfen und grob hacken. Die Cashewkerne abgießen und kurz mit kaltem Wasser waschen, abtropfen lassen und in den Mixer geben. Zitronensaft und -schale, Meerrettich, Olivenöl, Honig, Meersalz und 50 ml Wasser zu den Cashewkernen geben und alles zu einer feinen Creme mixen. Die Creme mit dem Dill vermengen.

Den Salat in einer großen Schüssel mit der Cashew-Meerrettich-Creme vermengen. Nach Belieben mit Meersalz und frisch gemahlenem Pfeffer abschmecken.

Mediterranes mariniertes Gemüse

Mediterranes mariniertes Gemüse

»Ideal para picar« würden nun meine Freunde in Barcelona sagen. Tatsächlich eignet sich mariniertes Gemüse – oder auch Antipasti genannt – als perfekte Vorspeise. Begleitet von einem Schälchen Oliven, frischen Salaten und einigen Crackern geht diese Vorspeise als Tapa oder »Pica-Pica« durch. Das Gemüse wird einige Stunden mariniert und lässt sich hervorragend in wenigen Schritten auch in größeren Mengen für mehrere Tage vorbereiten.

Für das Gemüse
3 kleine Zwiebeln »Figueres« (siehe Info)
3 rote Paprikaschoten
12 Cherrytomaten
1 Fenchelknolle
12 braune Champignons (Egerlinge)
100 g grüner Spargel

Für die Marinade
2 getrocknete Datteln, entkernt und eingeweicht
1 Knoblauchzehe
5 EL Olivenöl
4 Orangen, Saft
1 Zitrone, Saft
2 EL Genmai Miso
2 EL Tamari
1 TL getrockneter Oregano
4 Stängel Thymian
1 TL Meersalz

Zum Anrichten
2 EL Pinienkerne
12 Kalamata-Oliven
1 Handvoll Basilikumblättchen
schwarzer Pfeffer aus der Mühle

Die Zwiebeln schälen und achteln. Die Paprikaschoten längs aufschneiden, entkernen und ebenfalls achteln. Die Cherrytomaten vom Strunk befreien und halbieren. Die Fenchelknolle putzen und in 5 mm dicke Scheiben schneiden. Zwiebeln, Paprika, Cherrytomaten und Fenchel auf ein Dörrgitter legen und im Dehydrator 6 Stunden trocknen.

Für die Marinade die Datteln abgießen und fein hacken, den Knoblauch schälen und ebenfalls fein hacken. Das Olivenöl mit Orangen- und Zitronensaft, Genmai Miso, Tamari, Datteln, Knoblauch und dem getrockneten Oregano in einer Schüssel vermengen. Den Thymian waschen, trocken schütteln, die Blättchen abstreifen, fein hacken und zur Marinade geben. Mit dem Meersalz abschmecken.

Das Gemüse aus dem Dehydrator nehmen, kurz abkühlen lassen und mit der Marinade übergießen.

Die Champignons mit einem feuchten Küchenpapier abreiben und halbieren. Die Enden der Spargelstangen abschneiden und den Spargel in kleine Stücke schneiden. Die Champignons und den Spargel zum Gemüse geben und mit der Marinade benetzen. Das Gemüse abgedeckt über Nacht im Kühlschrank ziehen lassen.

Am nächsten Tag die Pinienkerne grob hacken. Die Kalamata-Oliven entkernen. Das Gemüse auf kleine Teller verteilen, mit den Pinienkernen, den Oliven, den Basilikumblättchen und frisch gemahlenem Pfeffer bestreuen und servieren.

Info
»Die Zwiebel von Figueres« wächst im katalonischen Alt Empordà und Baix Empordà. Sie ist besonders mild, leicht süßlich im Geschmack, rosafarben und hat eine etwas abgeflachte Form. La Figuera, wie sie unter Einheimischen genannt wird, eignet sich hervorragend für die Rohkostküche. Alternativ kann man auch Schalotten verwenden.

Sommerlicher Gartensalat mit Erdbeer-Estragon-Vinaigrette

Für den Salat
10 Erdbeeren
100 g Blaubeeren
160 g Rucola
6 Radieschen
1 TL Blaumohn
1 EL geschälte Hanfsamen

Für die Vinaigrette
1 EL frischer Estragon
6 Erdbeeren
1 große Zitrone, Saft
1 EL geschälte Hanfsamen
5 EL mildes Olivenöl
1 Prise Meersalz
schwarzer Pfeffer aus der Mühle

Für den Salat die Erdbeeren von den Blättchen und den Stielansätzen befreien und in Scheiben schneiden. Einige Erdbeerscheibchen zum Garnieren beiseite legen. Die Blaubeeren verlesen. Den Rucola unter kaltem Wasser waschen, abtropfen lassen, auf Küchenpapier legen und trocken tupfen. Die Radieschen putzen und mit einer Mandoline in feine Scheibchen hobeln.

Für die Vinaigrette den Estragon waschen, trocken tupfen und fein hacken. Die Erdbeeren von den Blättchen und den Stielansätzen befreien und in Scheiben schneiden. Die Erdbeerscheiben mit Zitronensaft, Hanfsamen, Olivenöl, Meersalz und frisch gemahlenem Pfeffer im Mixer zu einer Vinaigrette mixen. Den Estragon dazugeben und unterrühren.

In einer Schüssel den Rucola mit den Blaubeeren, den Erdbeeren und den Radieschenscheiben mischen. Mit der Vinaigrette vermengen und auf Tellern anrichten. Den Salat mit dem Blaumohn, den Hanfsamen und den beiseitegelegten Erdbeerscheibchen garnieren und servieren.

Pastinaken-Fettuccine

Nostalgie. **Pasta**

Zucchini-Spaghetti mit aromatischer Kräuter-Tomaten-Salsa

Für die Zucchini-Spaghetti
4 Zucchini
1 TL Zitronensaft
1 TL getrockneter Oregano
½ TL Meersalz

Für die Salsa
6 reife Strauchtomaten
130 g sonnengetrocknete Tomaten, eingeweicht
1 rote Paprikaschote
3 Stängel Thymian
½ TL frische Rosmarinnadeln
1 Knoblauchzehe
2 EL Sonnenblumenkerne, eingeweicht
1 TL getrockneter Oregano
1 EL Zitronensaft
1 TL Honig
1 Prise Cayennepfeffer
4 EL Olivenöl
1 TL Leinöl
Meersalz, schwarzer Pfeffer aus der Mühle
1 Handvoll Basilikum

Für die Kräuter-Tomaten-Salsa die Strauchtomaten von den Stielansätzen befreien, entkernen und in Stücke schneiden. Die eingeweichten Tomaten abgießen und in Streifen schneiden. Die Paprikaschote längs aufschneiden, entkernen und in Würfel schneiden. Den Thymian waschen, trocken schütteln, die Blättchen von den Stängeln abstreifen und fein hacken. Den Rosmarin waschen, trocken tupfen und fein hacken. Die Knoblauchzehe schälen und würfeln. Die Sonnenblumenkerne abgießen.

Tomaten, sonnengetrocknete Tomaten, Paprika, Sonnenblumenkerne und Knoblauch in eine Küchenmaschine geben und mit der Pulse-Funktion zu einer groben Paste verarbeiten. Dann Thymian, Rosmarin, Oregano, Zitronensaft, Honig und Cayennepfeffer hinzugeben und mit der Pulse-Funktion in die Tomatensauce einarbeiten. Das Oliven- und das Leinöl hinzugeben und die Salsa mit Meersalz und frisch gemahlenem Pfeffer abschmecken.

Das Basilikum waschen, trocken schütteln, die Blättchen von den Stängeln abzupfen und in feine Streifen schneiden. Einige Blättchen zum Garnieren beiseitelegen, den Rest unter die Tomatensauce heben.

Für die Zucchini-Spaghetti die Zucchini putzen und mit einem Spiralschneider zu Spaghetti verarbeiten. Mit dem Zitronensaft, dem Oregano und dem Meersalz in eine Schüssel geben und gut vermengen. Etwa 5 Minuten ziehen lassen. Anschließend in ein Sieb geben und gut abtropfen lassen.

Die Zucchini-Spaghetti mit der Tomatensalsa vermengen und auf flachen Tellern anrichten. Mit den beiseitegelegten Basilikumblättchen bestreut servieren.

Tipp
Die Zucchini-Spaghetti schmecken auch hervorragend mit etwas Olivenpâté.

Pastinaken-Karotten-Tagliatelle mit Safran-Orangen-Paranuss-Sauce

Für die Tagliatelle
500 g Pastinaken
2 große Karotten
2 EL Orangensaft
1 EL Zitronensaft
1 TL Meersalz
etwas abgeriebene Schale einer unbehandelten Orange zum Bestreuen

Für die Sauce
½ weiße kleine Zwiebel
100 g Paranüsse, eingeweicht
1 Prise Safranfäden
4 EL Orangensaft
2 EL Olivenöl
1 EL Arganöl
1 Medjool-Dattel, entkernt und eingeweicht
1 TL Dijon-Senf
1 EL Zitronensaft
1 Prise abgeriebene Schale einer unbehandelten Orange
1 Stängel Petersilie
1 Prise Vanillepulver
½ TL Meersalz
schwarzer Pfeffer aus der Mühle

Für die Tagliatelle die Pastinaken und die Karotten schälen. Mit einem Sparschäler in lange Streifen schälen, dabei die Pastinaken und Karotten in der Hand immer weiterdrehen. Die Pastinaken- und Karottenstreifen in eine Schüssel geben. Den Orangen- und den Zitronensaft sowie das Salz dazugeben und vermengen. Die Saftmischung mit den Händen leicht in die Pastinaken- und Karottenstreifen einarbeiten. 15 Minuten ziehen lassen, anschließend in einem Sieb leicht abtropfen lassen.

Für die Sauce die Zwiebel schälen und fein hacken. Die Paranüsse abgießen, kurz kalt abspülen und abtropfen lassen. Den Safran im Orangensaft 5 Minuten einweichen lassen. Die Zwiebel, die Paranüsse, den eingeweichten Safran samt Orangensaft und 50 ml Wasser mit den restlichen Zutaten für die Sauce in den Mixer geben und zu einer feinen Creme mixen. Mit dem Salz und frisch gemahlenem Pfeffer abschmecken.

Die Karotten- und Pastinakenstreifen mit der Sauce vermengen, in eine flache Form geben und im Dehydrator 4 Stunden abgedeckt bei 42 Grad trocknen. Die Gemüsetagliatelle auf vorgewärmten Tellern anrichten. Mit frisch gemahlenem Pfeffer und Orangenschale bestreut servieren.

Zucchini-Fettuccine mit Wildpilzen und Trüffelcreme

Für einen festlichen Anlass.

Für die Zucchini-Fettuccine
4 Zucchini
1 EL Olivenöl
1 TL Meersalz
etwas fein gehackte Petersilie zum Garnieren

Für die Wildpilze
30 g frische Wildpilze
2 Stängel glatte Petersilie
1 EL Tamari
1 EL Olivenöl

Für die Trüffelcreme
100 g Cashewkerne, eingeweicht
3 EL Pinienkerne
3 EL in Salz eingelegte Kapern
6 braune Champignons (Egerlinge)
1 rote Paprikaschote
3 Stängel Thymian
3 Stängel Dill
1 kleine rote Zwiebel
1 weißer Trüffel
1 EL Honig
1 TL Rotalgenflocken
3 EL Olivenöl
30 ml Zitronensaft
3 EL Shoyu Sojasauce
1 TL Steinpilzpulver
1 TL getrockneter Oregano
½ TL rote Pfefferbeeren
Meersalz, schwarzer Pfeffer aus der Mühle

Die Zucchini putzen und mit einem Spiralschneider zu Fettuccine drehen. In einer Schüssel mit dem Olivenöl und dem Meersalz mischen und mit den Händen alles gut verkneten. 5 Minuten ruhen lassen. Anschließend in einem Sieb abtropfen lassen und mit Küchenpapier vorsichtig trocken tupfen.

Für die Wildpilze die Pilze putzen, mit einem feuchten Tuch abreiben und in feine Streifen schneiden. Die Petersilie waschen, trocken schütteln, die Blättchen abzupfen und fein hacken. Das Tamari und das Olivenöl in einer Schüssel vermengen. Die Wildpilze und die Petersilie hinzugeben und 1 Stunde marinieren. Anschließend leicht abtropfen lassen.

Für die Trüffelcreme die Cashewkerne abgießen, kurz mit kaltem Wasser waschen und abtropfen lassen. Die Pinienkerne grob hacken. Die Kapern waschen und vom Salz befreien, anschließend 1 Esslöffel Kapern fein hacken. Die Champignons putzen, mit einem feuchten Tuch abreiben und in Scheiben schneiden. Die Paprikaschote längs aufschneiden, entkernen und in feine Streifen schneiden. Den Thymian und den Dill waschen und trocken schütteln. Die Thymianblättchen abstreifen und fein hacken, die Dillspitzen abzupfen. Die Zwiebel schälen und fein würfeln. Den Trüffel in Scheiben schneiden.

Alle Zutaten für die Trüffelcreme bis auf Dillspitzen, Thymianblättchen, Paprikastreifen, gehackte Kapern und Pinienkerne in den Mixer geben und zu einer feinen Creme mixen. In einer Schüssel die Dillspitzen bis auf einen kleinen Rest zum Garnieren, die Thymianblättchen, die Paprikastreifen, die fein gehackten Kapern und die gehackten Pinienkerne unterheben. Mit Meersalz und frisch gemahlenem Pfeffer abschmecken.

Die Zucchini-Fettuccine mit den Wildpilzen und der Trüffelcreme in einer großen Schüssel vermengen. Auf flachen Tellern anrichten, mit den restlichen Dillspitzen und etwas frisch gehackter Petersilie bestreuen und servieren.

Gemüse-Fettuccine mit Kürbiskern-Tomaten-Pesto

Ein Gericht aus frühesten Kindheitstagen und seit jeher beliebt. Die Spezialität aus Österreich und Ungarn schmeckt hervorragend in Verbindung mit sonnenverwöhnten getrockneten Tomaten, Knoblauch und etwas Zitrone.

Für die Gemüse-Fettuccine
4 mittelgroße Zucchini
½ TL Meersalz

Für das Pesto
140 g Kürbiskerne
1 Bund Petersilie
1 Handvoll Basilikumblättchen
8 sonnengetrocknete Tomaten, eingeweicht
1 Knoblauchzehe
1 Frühlingszwiebel
1 TL Zitronensaft
100 ml Kürbiskernöl
Meersalz, schwarzer Pfeffer aus der Mühle

Die Zucchini putzen und mit einem Spiralschneider zu Fettuccine drehen. In einer Schüssel mit dem Meersalz vermengen und dieses mit den Händen leicht einmassieren. 5 Minuten ruhen lassen, anschließend die Zucchini-Fettuccine mit einem Küchentuch leicht abtupfen.

Für das Kürbiskern-Tomaten-Pesto die Kürbiskerne mit einem Küchenmesser fein hacken. Die Petersilie und das Basilikum waschen, trocknen und fein hacken. Die eingeweichten Tomaten abgießen und ebenfalls fein hacken. Die Knoblauchzehe schälen und fein reiben. Die Frühlingszwiebel putzen und in feine Streifen schneiden.

Kürbiskerne, Petersilie, Basilikum, Tomaten, Knoblauch, Frühlingszwiebel und den Zitronensaft in eine Schüssel geben und vermengen. Das Kürbiskernöl hinzugeben und unterrühren. Mit Meersalz und frisch gemahlenem Pfeffer abschmecken.

Die Zucchini-Fettuccine mit dem Pesto vermengen und auf flachen Tellern anrichten. Nach Belieben mit Kräuterparmesan (siehe Seite 186) servieren.

Kohlrabi-Lasagne

Kohlrabi-Lasagne mit Walnussbolognese und Basilikumpesto

Für die Kohlrabi-Lasagne
1 großer Kohlrabi
1 EL Zitronensaft
30 ml Olivenöl
½ TL Meersalz
12 Romatomaten

Für den Cashew-Pinienkern-Käse
150 g Cashewkerne, eingeweicht
20 ml Zitronensaft
1 TL abgeriebene Schale einer unbehandelten Zitrone
1 EL Edelhefeflocken
1 TL Shiro Miso
2 EL Pinienkerne
2 EL Kürbiskerne
2 Stängel Thymian
1 Prise Meersalz

Für die Walnussbolognese
90 g Walnusskerne, eingeweicht
40 g Kürbiskerne, eingeweicht
10 sonnengetrocknete Tomaten, eingeweicht
8 braune Champignons (Egerlinge)
1 Frühlingszwiebel
1 Knoblauchzehe
30 ml Shoyu Sojasauce
1 TL Hatcho Miso
1 TL getrockneter Oregano
½ TL frisch gehackter Majoran
1 EL Zitronensaft
30 ml Olivenöl
1 TL Honig
1 Prise Cayennepfeffer
2 EL frisch gehackte Petersilie

Für das Basilikumpesto
1 Bund frisches Basilikum
70 g Pinienkerne
60 ml Olivenöl
1 TL Meersalz
1 Knoblauchzehe, geschält
1 TL Zitronensaft
schwarzer Pfeffer aus der Mühle

Für die Tomaten-Rosmarin-Sauce
120 g sonnengetrocknete Tomaten, eingeweicht
1 Knoblauchzehe, geschält
1 TL Honig
1 Prise Cayennepfeffer
1 Prise Meersalz
1 EL Edelhefeflocken
50 ml kaltgepresstes Olivenöl
1 EL Zitronensaft
½ TL frisch gehackte Rosmarinnadeln

Für die Kohlrabi-Lasagne den Kohlrabi schälen und auf einer Mandoline in hauchdünne Scheiben hobeln. Die Kohlrabischeiben auf einem großen flachen Teller auslegen. Den Zitronensaft mit dem Olivenöl und dem Meersalz in einer Schüssel vermengen und die Kohlrabischeiben damit bepinseln. Die Tomaten vom Stielansatz befreien und in dünne Scheiben schneiden.

Für den Cashew-Pinienkern-Käse die Cashewkerne abgießen und mit Zitronensaft und -schale, Edelhefeflocken, Shiro Miso und 80 ml Wasser in den Mixer geben und zu einer feinen Creme mixen. Die Pinien- und die Kürbiskerne fein hacken. Den Thymian waschen und trocken schütteln, die Blättchen abstreifen und fein hacken. In einer Schüssel die Cashewcreme mit den Pinien- und Kürbiskernen sowie dem Thymian vermengen. Mit Meersalz abschmecken.

Für die Walnussbolognese die Walnüsse und die Kürbiskerne abgießen, kurz mit kaltem Wasser waschen und abtropfen lassen. Die eingeweichten Tomaten abgießen, abtropfen lassen und in feine Streifen schneiden. Die Pilze mit einem angefeuchteten Küchenpapier abreiben und in Scheiben schneiden. Die Pilze mit den Walnüssen, Kürbiskernen und den Tomaten in eine Küchenmaschine geben und mit der Pulse-Funktion grob verarbeiten. Die Frühlingszwiebel putzen und in feine Ringe schneiden. Die Knoblauchzehe schälen, fein würfeln und mit Frühlingszwiebelringen, Shoyu Sojasauce, Hatcho Miso, Oregano, Majoran, Zitronensaft, Olivenöl, Honig und Cayennepfeffer ebenfalls in die Küchenmaschine geben. Mit der Pulse-Funktion die Zutaten in die Nussbolognese einarbeiten. Zum Schluss die frisch gehackte Petersilie unterheben.

Alle Zutaten für das Basilikumpesto in die Küchenmaschine geben und mit der Pulse-Funktion zu einem groben Pesto verarbeiten.

Für die Tomaten-Rosmarin-Sauce alle Zutaten mit etwas Wasser in den Mixer geben und so lange pürieren, bis die gewünschte Konsistenz erreicht ist.

Aus Kohlrabi- und Tomatenscheiben, Cashew-Pinienkern-Käse, Walnussbolognese und Basilikumpesto nach Belieben die einzelnen Ebenen und die Form von Lasagne zusammenstellen, dabei mit den Kohlrabischeiben beginnen. Auf Wunsch kann die Lasagne auch in einen Metallring geschichtet oder in eine lange Form gegeben werden. Die Lasagne bei Zimmertemperatur servieren oder im Dehydrator für 1 Stunde auf 42 Grad erwärmen. Die Lasagne mit der Tomaten-Rosmarin-Sauce servieren.

Gefüllte Zucchini-Cannelloni

Gefüllte Zucchini-Cannelloni mit mediterranem Spinat und Cashew-Béchamel

»Un plato de toda la vida«, das bezeichnet ein populäres Gericht, das bereits Generationen begleitet hat. Diese Cannelloni sind für die waschechten Vegetarier gedacht und oftmals das einzige fleischlose Gericht auf der Karte. Hier meine rohvegane Adaption des beliebten Nationalgerichts.

Für die Zucchini-Cannelloni
4 mittelgroße Zucchini
2 EL Olivenöl
1 EL Zitronensaft
½ TL Meersalz
2 EL frisch gehackte Petersilie

Für die Cashew-Béchamel
170 g Cashewkerne
1 TL Shiro Miso
3 EL Zitronensaft
1 TL abgeriebene Schale einer unbehandelten Zitrone
½ TL Meersalz

Für den mediterranen Spinat
600 g Babyspinat
30 ml Zitronensaft
70 ml Olivenöl
½ TL Meersalz
1 Frühlingszwiebel
100 g Pinienkerne
120 g Korinthen
1 TL getrocknete Kräuter der Provence
schwarzer Pfeffer aus der Mühle

Für die Zucchini-Cannelloni die Zucchini putzen und auf einer Mandoline längs in feine Scheiben hobeln. Das Olivenöl mit dem Zitronensaft und dem Meersalz vermengen und die Zucchinischeiben damit bepinseln. Einige Minuten ziehen lassen.

Für die Cashew-Béchamel alle Zutaten zusammen mit 130 ml Wasser in den Mixer geben und zu einer feinen Creme mixen.

Für den mediterranen Spinat den Babyspinat waschen und trocken tupfen. In eine große Schüssel geben, mit dem Zitronensaft, dem Olivenöl und dem Meersalz vermengen und mit den Händen 1 Minute kneten. Der Spinat sollte nun zusammenfallen und eine gekochtem Spinat ähnliche Textur annehmen.
Die Frühlingszwiebel putzen, in feine Ringe schneiden und mit den Pinienkernen, den Korinthen und den Kräutern der Provence zu dem Spinat geben. Alles gut vermengen und mit frisch gemahlenem Pfeffer abschmecken. Mit einigen Löffeln Cashew-Béchamel vermengen.

Zum Anrichten für jede Zucchini-Cannelloni drei Zucchinischeiben leicht überlappend aneinanderlegen. Jeweils auf ein Ende der Zucchinischeiben etwa 1 Esslöffel der Spinatmischung geben und die Zucchinischeiben dann zu Cannelloni aufrollen. Mit der offenen Seite nach unten auf einen flachen Teller legen. Wenn alle Zucchini-Cannelloni gerollt sind, den Teller bei 42 Grad für 1 Stunde in den Dehydrator stellen. Anschließend die leicht warmen Zucchini-Cannelloni mit etwas Cashew-Béchamel beträufeln und mit frischer Petersilie bestreut servieren.

Pastinaken-Fettuccine mit Tomaten-Walnuss-Bolognese

Für die Pastinaken-Fettuccine
4 mittelgroße Pastinaken
1 EL Zitronensaft
1 EL Olivenöl
1 Prise Salz

Für die Bolognese
4 reife Strauchtomaten
120 g sonnengetrocknete Tomaten, 4 Stunden eingeweicht
1 große Karotte
4 EL Walnusskerne, eingeweicht
1 Knoblauchzehe
1 EL fein gehackte rote Zwiebel
1 EL Zitronensaft
3 Stängel Thymian
1 EL getrocknete italienische Kräuter
1 TL Honig
1 Prise gemahlener Kreuzkümmel
1 Prise Cayennepfeffer
3 EL Olivenöl
Meersalz, schwarzer Pfeffer aus der Mühle

Für die Pastinaken-Fettuccine die Pastinaken schälen und mit einem Julienneschneider oder Sparschäler in lange Streifen schälen. Dabei die Pastinaken in der Hand immer weiterdrehen. Die Pastinakenstreifen in einer Schüssel mit dem Zitronensaft, dem Olivenöl und dem Meersalz vermengen und 1 Minute mit den Händen leicht kneten. 5 Minuten ziehen lassen. Anschließend das Gemüsewasser abtropfen lassen und die Pastinakenstreifen leicht mit einem Küchenpapier trocken tupfen.

Für die Tomaten-Walnuss-Bolognese die Strauchtomaten von Stielansätzen und Kernen befreien. Die eingeweichten Tomaten abgießen und in Streifen schneiden. Die Karotte schälen und auf einer Gemüsereibe in feine Stifte raspeln. Die Walnüsse abgießen und grob hacken. Die Knoblauchzehe schälen und zerdrücken. Die frischen und die sonnengetrockneten Tomaten, Walnüsse, Karotte, Knoblauch, die gehackte Zwiebel und den Zitronensaft in eine Küchenmaschine geben und mit der Pulse-Funktion zu einer groben Sauce verarbeiten.

Den Thymian waschen, trocken schütteln, die Blättchen abstreifen und fein hacken. Thymian, italienische Kräuter, Honig, Kreuzkümmel, Cayennepfeffer und das Olivenöl zu der Sauce hinzugeben und mit der Pulse-Funktion einarbeiten. Mit Meersalz und frisch gemahlenem Pfeffer abschmecken.

Die Pastinaken-Fettuccine mit der Tomaten-Walnuss-Bolognese anrichten und servieren.

Rote-Bete-Ravioli mit Cashew-Pinienkern-Kräuterkäse

Für die Rote-Bete-Ravioli
2 große Rote-Bete-Knollen
50 ml Olivenöl
2 EL Zitronensaft
1 Prise Meersalz

Für den Kräuterkäse
320 g Cashewkerne, eingeweicht
1 EL Edelhefeflocken
1 EL Shiro Miso
Meersalz
2 Stängel Thymian
½ TL frische Rosmarinnadeln
2 EL Pinienkerne
2 EL Kürbiskerne
schwarzer Pfeffer aus der Mühle

Zum Anrichten
etwas Olivenöl
schwarzer Pfeffer aus der Mühle

Für die Rote-Bete-Ravioli die Rote Bete schälen und auf einer Mandoline in hauchdünne Scheiben hobeln. Die Rote-Bete-Scheiben in die gewünschte Form schneiden oder in ihrer natürlichen Form belassen. Das Olivenöl in einer Schüssel mit dem Zitronensaft und dem Meersalz vermengen. Die Rote-Bete-Scheiben auf einem großen flachen Teller auslegen und mit der Marinade bepinseln. 2 Stunden abgedeckt ruhen, dann abtropfen lassen.

Für den Cashew-Pinienkern-Kräuterkäse die Cashewkerne abgießen, waschen und abtropfen lassen, dann in den Mixer geben. 160 ml Wasser, die Edelhefeflocken, das Shiro Miso und 1 Teelöffel Meersalz hinzugeben und alles zu einer feinen Creme verarbeiten.

Die Cashewcreme in eine Schüssel geben. Den Thymian waschen, trocknen, die Blättchen abstreifen und fein hacken. Den Rosmarin ebenfalls waschen, trocknen und fein hacken. Die Pinienkerne grob, die Kürbiskerne fein hacken. Den Thymian, den Rosmarin und die Pinien- und Kürbiskerne zur Cashewcreme hinzugeben und alles gut vermengen. Mit Meersalz und frisch gemahlenem Pfeffer abschmecken.

Jeweils eine Rote-Bete-Scheibe auf einen Teller legen. Darauf 1 Teelöffel Cashew-Pinienkern-Kräuterkäse geben und mit einer zweiten Rote-Bete-Scheibe bedecken. So fortfahren, bis alle Zutaten aufgebraucht sind. Die Ravioli auf Tellern verteilen. Mit etwas Olivenöl beträufelt und mit etwas frisch gemahlenem Pfeffer bestreut servieren.

Wildreis-Meergemüse-Paella

Gaumenfreude. **Herzhafte Gerichte**

Gefüllte Kohlrabi-Ravioli mit Trüffel-Salbei-Nussfleisch

Für die Kohlrabi-Ravioli
2 mittelgroße Kohlrabi (à 280 g)
3 EL Zitronensaft
3 EL Olivenöl
½ TL Meersalz
etwas krause Petersilie zum Garnieren

Für das Nussfleisch
12 braune Champignons (Egerlinge, 500 g)
35 g Walnusskerne, eingeweicht
1 EL Kürbiskerne
12 Salbeiblättchen
1 kleine Knoblauchzehe
40 ml Tamari
40 ml Olivenöl
20 ml Zitronensaft
1 EL Honig
1 EL Trüffelöl
1 TL getrockneter Oregano
schwarzer Pfeffer aus der Mühle

Für die Kohlrabi-Ravioli die Kohlrabi schälen und auf einer Mandoline in hauchdünne Scheiben hobeln. Den Zitronensaft in einer Schüssel mit dem Olivenöl und dem Meersalz vermengen. Die Kohlrabischeiben auf einem großen flachen Teller nebeneinander auslegen und mit der Marinade bepinseln. Abgedeckt 1 Stunde ziehen lassen.

Für das Trüffel-Salbei-Nussfleisch die Champignons mit einem leicht angefeuchteten Küchenpapier abreiben, dann in feine Streifen schneiden. Die Walnüsse abgießen und abtropfen lassen. Die Walnüsse und die Kürbiskerne fein hacken. Die Salbeiblättchen waschen, trocknen und ebenfalls fein hacken. Den Knoblauch schälen und fein reiben. Für die Marinade in einer Schüssel Salbei, Knoblauch, Tamari, Olivenöl, Zitronensaft, Honig, Trüffelöl und Oregano vermengen.

Die Champignons, die Kürbiskerne und die Walnüsse in eine Schüssel geben, mit der Marinade übergießen und 1 Stunde abgedeckt ziehen lassen. Hin und wieder umrühren. Mit frisch gemahlenem Pfeffer abschmecken.

Nach der Einweichzeit das Nussfleisch in einem Sieb abtropfen lassen, dabei die Marinade auffangen. Je 1 Teelöffel der Nussfleischmischung auf eine Kohlrabischeibe geben, mit einer zweiten Kohlrabischeibe bedecken. So fortfahren, bis alle Zutaten aufgebraucht sind.

Die Petersilie waschen, trocknen und fein hacken. Die Ravioli auf große Teller geben, mit der Marinade beträufeln und mit der Petersilie bestreut servieren.

Albondigas mit Tomaten-Kapern-Salsa

BRUCKMANN
NICHTROSTEND

Albondigas mit Tomaten-Kapern-Salsa

Eine fleischlose, würzige und herzhafte Version des beliebten Bar-Klassikers aus Barcelona. Ebenfalls »un plato de toda la vida«.

Für die Albondigas
8 braune Champignons (Egerlinge)
200 g Walnusskerne, eingeweicht
130 g Kürbiskerne, eingeweicht
120 g Sonnenblumenkerne, eingeweicht
40 g sonnengetrocknete Tomaten, eingeweicht
1 Knoblauchzehe
1 kleine Gemüsezwiebel
1 Zucchini
1 Karotte
1 Paprikaschote
1 Handvoll frische Petersilie
½ TL Paprikapulver
1 TL getrockneter Oregano
3 EL Tamari
schwarzer Pfeffer aus der Mühle
3 EL geschrotete Leinsamen

Für die Salsa
120 g sonnengetrocknete Tomaten, eingeweicht
4 Strauchtomaten
2 Datteln, entkernt und eingeweicht
2 EL Zitronensaft
1 TL getrockneter Oregano
2 EL frisch gehacktes Basilikum
1 EL Olivenöl
Meersalz, schwarzer Pfeffer aus der Mühle
1 EL in Salz eingelegte Kapern

Zum Anrichten
1 EL gehackte Kapern

Für die Albondigas die Champignons mit einem angefeuchteten Küchenpapier abreiben und in Scheiben schneiden, die Stiele entfernen. Die Walnüsse und die Samenkerne abgießen. Die eingeweichten Tomaten abgießen und in feine Streifen schneiden. Den Knoblauch schälen und zerdrücken. Die Gemüsezwiebel ebenfalls schälen und grob hacken. Die Nüsse und die Samenkerne in eine Küchenmaschine geben und mit der Pulse-Funktion zu einem groben Mehl verarbeiten. Die Champignons, den Knoblauch, die Zwiebel und die Tomatenstreifen zu dem Mehl geben. Alles zu einer feinen Masse verarbeiten und in eine Schüssel geben.

Die Zucchini putzen und fein raspeln. Die Karotte schälen und ebenfalls fein raspeln. Die Paprikaschote längs aufschneiden, entkernen und in grobe Stücke schneiden. Das vorbereitete Gemüse in die Küchenmaschine geben und mit der Pulse-Funktion fein verarbeiten, dabei die Textur beibehalten. Das Nussfleisch mit der Petersilie, dem Paprikapulver, dem Oregano und dem Tamari zu dem Gemüse in die Küchenmaschine geben und alles mit der Pulse-Funktion gut vermengen.

Mit frisch gemahlenem Pfeffer abschmecken. Anschließend in eine große Schüssel geben, mit den geschroteten Leinsamen bestreuen und mit den Händen gut vermengen. Aus der Masse mit leicht angefeuchteten Händen Bällchen formen.

Die Nussfleischbällchen auf das Dörrgitter des Dehydrators legen und bei 42 Grad 5–7 Stunden dehydrieren. Die Bällchen sollten außen leicht knusprig sein und innen schön weich bleiben.

Für die Tomaten-Kapern-Salsa die sonnengetrockneten Tomaten abgießen und in Streifen schneiden. Die Strauchtomaten vom Stielansatz befreien. Die Datteln abgießen. Die frischen und die sonnengetrockneten Tomaten, die Datteln und die restlichen Zutaten für die Salsa, bis auf die Kapern, in den Mixer geben und zu einer feinen Sauce mixen. Die Kapern waschen und vom Salz befreien. Anschließend fein hacken und mit der Tomatensalsa vermengen.

Die Albondigas mit der Tomaten-Kapern-Salsa in kleinen Tapa-Schälchen oder auf einem großen Servierteller anrichten, mit den gehackten Kapern bestreuen und servieren.

Wildreis-Meergemüse-Paella

Diese Paella schmeckt ganz nach Meer und Süden, allein durch die Kraft von Seepflanzen und Gemüse. Wilder Reis ist eine besondere Delikatesse und rundet dieses Gericht ab.

Für die Paella

200 g Wildreis
1 rote Paprikaschote
1 Karotte
1 Orange, Saft
4 Artischocken
5 EL Olivenöl
5 EL Zitronensaft
Meersalz
200 g Kräuterseitlinge
3 EL Shoyu Sojasauce
4 g Wakame-Seealgen, 30 Minuten in kaltem Wasser eingeweicht
4 sonnengetrocknete Tomaten, eingeweicht
80 g frische oder tiefgekühlte Erbsen
1 Frühlingszwiebel
2 Romatomaten
½ Bund Dill
1 Handvoll Petersilie
1 TL getrockneter Oregano
1 TL Rotalgenflocken
etwas abgeriebene Schale einer unbehandelten Zitrone
schwarzer Pfeffer aus der Mühle

Für die Mayonnaise

1–2 Knoblauchzehen
90 g Cashewkerne, eingeweicht
1 getrocknete Dattel, entkernt und eingeweicht
2 EL Zitronensaft
1 TL scharfer Pimentón
2 EL Olivenöl
1 Prise Meersalz

Für die Paella den Wildreis mit lauwarmem Wasser waschen und in ein großes Schraubglas geben. Mit 700 ml Wasser auffüllen und 12 Stunden bei 42 Grad in den Dehydrator stellen. Nach 12 Stunden sollten sich die meisten Körner etwas geöffnet haben, und der Reis sollte bissfest sein. Wenn nicht, noch etwas Zeit hinzugeben.

Die Paprikaschote längs aufschneiden, entkernen und in feine Streifen schneiden. Die Karotte schälen und in hauchdünne Scheiben hobeln. Die Paprikastreifen und die Karottenscheiben in eine Schüssel geben, mit dem Orangensaft übergießen und 1–2 Stunden marinieren.

Die äußeren Blätter der Artischocken bis zum Artischockenherz entfernen, anschließend die zarten Blättchen des Artischockenherzens zupfen. Mit 2 Esslöffeln Olivenöl, 2 Esslöffeln Zitronensaft und Meersalz marinieren, bis sie weich sind. Die Kräuterseitlinge putzen und in 5 mm dicke Scheiben schneiden. Mit 1 Esslöffel Zitronensaft, 2 Esslöffeln Shoyu Sojasauce, 2 Esslöffeln Olivenöl und etwas Meersalz in einer Schüssel vermengen und 1 Stunde marinieren.

Die Wakame-Seealgen abgießen, abspülen und in feine Streifen schneiden. Die eingeweichten Tomaten ebenfalls abgießen und in feine Streifen schneiden. Die Erbsen pulen. Die Frühlingszwiebel putzen und in feine Streifen schneiden. Die Romatomaten vom Stielansatz befreien und würfeln. Den Dill und die Petersilie waschen, trocken schütteln, die Dillspitzen und die Petersilienblättchen abzupfen und fein hacken.

Die Petersilie und den Dill mit 2 Esslöffeln Zitronensaft, 1 Esslöffel Shoyu Sojasauce, 1 Esslöffel Olivenöl, dem Oregano und den Rotalgenflocken in eine Schüssel geben und zu einer Marinade rühren.

Den Wildreis abgießen und gut abtropfen lassen. Mit allen vorbereiteten Zutaten und mit der Zitronenschale mischen, mit der Marinade übergießen und etwas ziehen lassen. Mit frisch gemahlenem Pfeffer abschmecken.

Für die Knoblauch-Paprika-Mayonnaise den Knoblauch schälen und zerdrücken. Die Cashewkerne und die Dattel abgießen. Alle Zutaten mit 60 ml Wasser in den Mixer geben und alles zu einer feinen Creme mixen.

Die Paella zusammen mit der Knoblauch-Paprika-Mayonnaise servieren.

Geräucherter Papaya-Orangen-Dill-Lachs mit Pistazien

In einem Moment ist die mild schmeckende Papaya noch eine tropische Frucht, im nächsten dient sie uns als wunderbarer Lachsersatz. Ein auch optisch sehr attraktives Gericht: Die Papaya verschmilzt mit hellgrünen Pistazien und lila schimmernden Rotalgenflocken sowie schwarzem Pfeffer.

½ große reife Papaya
½ TL Rauchsalz
1 kleine Frühlingszwiebel
40 g Pistazien
6 Stängel Dill
1 kleine Knoblauchzehe
100 ml Orangensaft
½ TL abgeriebene Schale einer unbehandelten Orange
½ Zitrone, Saft
80 ml Olivenöl
1 TL Dijon-Senf
1 EL Rotalgenflocken
schwarzer Pfeffer aus der Mühle

Die Papaya schälen, entkernen und in 5 mm dicke Scheiben schneiden. In eine große Schüssel geben. Mit dem Rauchsalz bestreuen und 5 Minuten ziehen lassen. Die Frühlingszwiebel putzen und in feine Streifen schneiden. Die Pistazien hacken. Den Dill waschen, trocknen und die Spitzen abzupfen. Einige Dillspitzen zum Garnieren beiseitelegen. Den Knoblauch schälen und fein reiben. Dill, Knoblauchpüree, Orangensaft und -schale, Zitronensaft, Olivenöl, Senf und die Rotalgenflocken in einer Schüssel zu einer Marinade vermengen. Die Marinade über die Papayastreifen geben und 10 Minuten ziehen lassen. Hin und wieder umrühren.

Den Papayalachs auf Tellern anrichten, mit etwas Marinade beträufeln und mit den gehackten Pistazien, den beiseitegelegten Dillspitzen und den Frühlingszwiebelstreifen bestreuen. Nach Belieben mit schwarzem Pfeffer bestreuen und servieren.

Tipp
Die Papaya gut schälen, manchmal ist sie unter der Schale etwas bitter. Es lohnt sich daher, nach der äußeren Schale eine zweite Schicht zu schälen.

Champignon-Walnuss-Trüffel-Pâté mit Feldsalat und Feigen

Diese Pâté mag manchen an die herkömmliche Küche erinnern und ist doch eine köstliche, pflanzliche Alternative. Sie beweist, dass die Rohkostküche so gut wie jeden Geschmack und Gaumen überzeugen kann. Auch reichhaltige Pâtés kann man in wenigen Minuten zaubern. Genuss pur. Genießen Sie diese Pâté mit bestem Gewissen, begleitet von einem frischen Salat oder auch als reichhaltige Füllung für Kohlrabi-Ravioli.

Für die Pâté

140 g Walnusskerne, eingeweicht
400 g braune Champignons (Egerlinge)
4 EL Tamari
6 EL Olivenöl
1 EL Trüffelöl
1 TL getrockneter Oregano
etwas Meersalz

Für den Feldsalat mit Feigen

2 getrocknete Feigen, eingeweicht
1 Orange, Saft
3 EL Olivenöl
2 EL Zitronensaft
1 TL Dijon-Senf
1 Stängel Thymian
1 Prise Meersalz
schwarzer Pfeffer aus der Mühle
200 g Feldsalat
6 frische Feigen
schwarzer Pfeffer aus der Mühle

Für die Pâté die Walnüsse abgießen, kurz waschen und gut abtropfen lassen. Die Champignons mit einem feuchten Küchenpapier säubern und eventuell den Stiel entfernen. Die Champignons mit den Walnüssen, Tamari, Olivenöl, Trüffelöl, Oregano und etwas Meersalz in den Mixer geben und zu einer feinen Masse verarbeiten.

Für das Salatdressing die eingeweichten Feigen abgießen und in feine Stücke schneiden. Feigen, Orangensaft, Olivenöl, 50 ml Wasser, Zitronensaft, Senf und Meersalz in den Mixer geben und fein mixen. Den Thymian waschen, trocknen, die Blättchen abzupfen, fein hacken und mit dem Dressing vermengen. Mit Meersalz und frisch gemahlenem Pfeffer abschmecken.

Den Feldsalat waschen, trocknen und die Blätter klein zupfen. Den Feldsalat mit dem Dressing vermengen. Die frischen Feigen vom Strunk befreien und vierteln.

Kleine Metallringe mittig auf die Teller platzieren und mit der Pâté füllen. Mit dem Feldsalat und den frischen Feigen servieren.

Kräuterseitlinge »Gallega«

Auch dies ist ein Gericht, das man überall in den kleinen Eckbars auf den Märkten sieht. Überraschen Sie Ihre Gäste, sie werden kaum merken, dass sie einen Kräuterseitling verkleidet als falscher Oktopus serviert bekommen.

1 Knoblauchzehe
100 ml Olivenöl, zusätzlich etwas zum Beträufeln
1 EL süßer Pimentón
½ EL Pimentón de la Vera »picante«
2 EL Zitronensaft
1 EL Rotalgenflocken
½ TL Meersalz
4 große Kräuterseitlinge
2 Stängel Petersilie
schwarzer Pfeffer aus der Mühle

Den Knoblauch schälen und fein reiben. Das Knoblauchpüree mit Olivenöl, Pimentón, Zitronensaft, Rotalgenflocken und Meersalz in einer Schüssel vermengen.

Die Kräuterseitlinge mit einem angefeuchteten Küchenpapier abreiben, den Hut jeweils entfernen. Die Stiele in 5 mm dicke Scheiben schneiden und in eine Schüssel geben. Mit der Marinade übergießen, alles vermischen und 1 Stunde bei Zimmertemperatur ziehen lassen. Hin und wieder umrühren.

Vor dem Servieren die Petersilie waschen, trocken schütteln und fein hacken. Die Kräuterseitlingscheiben auf einem großen Teller nebeneinander anordnen. Mit ein paar Tropfen Olivenöl beträufeln und mit der Petersilie und frisch gemahlenem Pfeffer bestreut servieren.

Tipp
Der »Pulpo« kann auch samt Marinade 1 Stunde bei 42 Grad in den Dehydrator gestellt werden.

Mandel-Zucchini-Tartelettes

Mandel-Zucchini-Tartelettes mit Tomaten und Pesto verde

Für die Tartelettes
1 mittelgroße gelbe Zucchini
1 TL frische Rosmarinnadeln
180 g Mandeln, eingeweicht
3 EL Pinienkerne
1 EL gehackte Gemüsezwiebel
1 EL Zitronensaft
1 EL Olivenöl
1 EL Edelhefeflocken
1 Prise frisch geriebene Muskatnuss
1 TL Meersalz
6 EL Leinsamenmehl
Olivenöl für die Förmchen

Für die Tomaten
300 g Cherrytomaten
2 EL Olivenöl
½ TL getrockneter Oregano
1 Prise Meersalz

Für das Pesto verde
100 g Basilikum
40 g Rucola
80 g Pinienkerne
100 ml Olivenöl
1 Knoblauchzehe, geschält
1 EL Shiro Miso
1 große Zitrone, Saft
1 TL abgeriebene Schale
einer unbehandelten Zitrone
½ TL Meersalz
schwarzer Pfeffer aus der Mühle

Für die Mandel-Zucchini-Tartelettes die Zucchini putzen und würfeln. Die Rosmarinnadeln waschen, trocknen und fein hacken. Die Mandeln abgießen, waschen und etwas abtropfen lassen. Die Mandeln und die Pinienkerne in eine Küchenmaschine geben und grob verarbeiten. Die Zucchini- und die Zwiebelwürfel, Zitronensaft, Olivenöl, Edelhefeflocken, Rosmarin, Muskatnuss und Meersalz hinzugeben und alles mit der Pulse-Funktion zu einem feinen, leicht körnigen Teig verarbeiten. Den Teig in eine Schüssel geben, mit dem Leinsamenmehl bestreuen und dieses in den Teig einarbeiten.

Die Tarteletteformen mit etwas Olivenöl auspinseln. In jede Form etwa 1½ gehäufte Esslöffel Teig geben, auf dem Boden verteilen und einen Rand formen. Die Teigböden bei 42 Grad auf einem Dörrgitter im Dehydrator 12 Stunden über Nacht trocknen. Nach 12 Stunden die Tartelettes vorsichtig aus den Formen drücken, zurück auf das Dörrgitter geben und fertig trocknen, bis sie schön knusprig sind.

Für die Tomaten die Cherrytomaten vom Strunk befreien und mit dem Olivenöl, dem Oregano und dem Meersalz vermengen. Auf einem Dörrgitter über Nacht im Dehydrator bei 42 Grad trocknen.

Für das Pesto verde alle Zutaten in den Mixer geben und fein mixen.

Das Pesto auf die Tartelettes geben und gleichmäßig verstreichen, mit den Cherrytomaten belegen und servieren.

Flammkuchen mit Cashew-Crème-fraîche, karamellisierten Zwiebeln und Kapernäpfeln

Für die Teigböden
90 g Buchweizen,
4 Stunden eingeweicht
80 g Sonnenblumenkerne,
4 Stunden eingeweicht
70 g Lauch
½ kleine Gemüsezwiebel
1 EL Zitronensaft
1 TL Fenchelsamen
1 TL Meersalz
70 g geschrotete Leinsamen

Für die Cashew-Crème-fraîche
200 g Cashewkerne, eingeweicht
1 Zitrone, Saft
1 TL abgeriebene Schale
einer unbehandelten Zitrone
2 EL frisch gehackter Schnittlauch
1 TL Meersalz

Für die karamellisierten Zwiebeln
2 rote Zwiebeln
3 frische Datteln
1 Prise Salz

Für den Belag
8 sonnengetrocknete Tomaten,
eingeweicht
1 Handvoll schwarze Oliven
4 EL Kapernäpfel

Für die Teigböden den Buchweizen und die Sonnenblumenkerne abgießen. Den Lauch putzen und in feine Streifen schneiden. Die Gemüsezwiebel schälen und würfeln. Buchweizen, Sonnenblumenkerne, Lauch, Zwiebelwürfel, 80 ml Wasser, Zitronensaft, Fenchelsamen und das Salz in die Küchenmaschine geben und zu einem feinen Teig verarbeiten. Den Leinsamen hinzugeben und in den Teig einarbeiten.

Pro Flammkuchen etwa 2 Esslöffel Teig mit angefeuchteten Händen zu einer Kugel formen, auf eine Dörrfolie geben und mit leicht angefeuchteten Händen jeweils zu einem circa 8 mm dicken Teigboden formen. Bei 42 Grad etwa 8 Stunden im Dehydrator trocknen. Die Dörrfolie abziehen und die Teigböden fertig trocknen.

Für die Cashew-Crème-fraîche alle Zutaten mit 130 ml Wasser in den Mixer geben und zu einer feinen Creme mixen.

Für die karamellisierten Zwiebeln die Zwiebeln schälen und hauchdünn hobeln. Die Datteln entkernen und mit 70 ml Wasser im Mixer zu einer feinen Creme mixen. Die Zwiebeln mit der Dattelcreme vermengen und auf eine Dörrfolie geben. Im Dehydrator über Nacht bei 42 Grad dehydrieren; die Zwiebeln sollten noch weich sein.

Für den Belag die eingeweichten Tomaten abgießen und in feine Streifen schneiden, die Oliven entkernen und fein hacken.

Auf jeden Flammkuchen 1 Esslöffel Cashew-Crème-fraîche geben. Mit den karamellisierten Zwiebeln, den Tomatenstreifen und je 1 Kapernapfel belegen. Mit den gehackten Oliven bestreuen und servieren.

Für 4–6 Flammkuchen

Rucola-Tomaten-Pizza mit Macadamia-Mozzarella

Für die Pizzaböden
½ kleine Gemüsezwiebel
½ Bund frisches Basilikum
1 Knoblauchzehe
70 g Sonnenblumenkerne, eingeweicht
70 g Kürbiskerne, eingeweicht
60 g geschälte Hanfsamen
1 EL Chiasamen
1 EL Tamari
1 EL Zitronensaft
1 EL Olivenöl
1 TL Meersalz
70 g heller Leinsamen, eingeweicht in 240 ml Wasser

Für die italienische Pizzasauce
6 reife Strauchtomaten
½ rote Paprikaschote
130 g sonnengetrocknete Tomaten, eingeweicht
3 EL Olivenöl
1 EL Zitronensaft
1 TL Honig
1 EL getrocknete italienische Kräuter
1 TL frisch gehackter Thymian
1 Handvoll frische Basilikumblättchen
½ TL Meersalz
schwarzer Pfeffer aus der Mühle

Für den Macadamia-Mozzarella
270 g Macadamianüsse
2 g probiotisches Pulver
1 TL Edelhefeflocken
½ TL Meersalz

Für den Belag
1 Bund Rucola
1 Handvoll schwarze Oliven

Für die Pizzaböden die Zwiebel schälen und fein hacken. Das Basilikum abbrausen, trocken tupfen und die Blättchen abzupfen. Die Knoblauchzehe schälen und zerdrücken. Die Sonnenblumen- und die Kürbiskerne abgießen, in eine Küchenmaschine geben und mit der Pulse-Funktion in kleine Stücke verarbeiten. Alle Zutaten außer den Leinsamen hinzugeben und mit der Pulse-Funktion zu einem Teig verarbeiten. Die Leinsamen samt Einweichwasser hinzugeben und in den Teig einarbeiten. Die Teigmasse auf einer Dörrfolie mit einem großen Spatel ausstreichen, mit dem Spatel in die gewünschte Form schneiden und im Dehydrator bei 42 Grad 12 Stunden trocknen. Nach 12 Stunden die Dörrfolie vorsichtig abziehen und den Teig fertig trocknen.

Für die Pizzasauce die Strauchtomaten vom Strunk befreien. Die Paprikaschote längs aufschneiden, entkernen und grob zerkleinern. Die eingeweichten Tomaten abgießen und in Streifen schneiden. Die Tomaten und die Paprikastücke mit den restlichen Zutaten für die Sauce in den Mixer geben und fein mixen.

Für den Macadamia-Mozzarella die Macadamianüsse, das Probiotikum und 140 ml Wasser im Mixer zu einer feinen Creme verarbeiten. In ein mit einem Käsetuch ausgelegtes Sieb geben und mit einem Küchentuch bedeckt über Nacht an einen warmen Ort stellen. Nach 12 Stunden sollte der Macadamia-Mozzarella fertig fermentiert sein und leicht nach Käse riechen. Mit den Edelhefeflocken und dem Salz vermengen und im Schraubglas bis zur weiteren Verwendung aufbewahren.

Für den Belag den Rucola waschen, trocken tupfen und eventuelle harte Stängel entfernen. Die Oliven entkernen und fein hacken.

Die Pizzaböden großzügig mit der Pizzasauce bestreichen. Den Macadamia-Mozzarella auf den Pizzaböden verteilen. Mit dem Rucola und den Olivenstückchen bestreuen und servieren.

Für 6–8 Pizzen

Mediterrane »Coca de Recapte«

Die »Coca de Recapte« ist eine katalanische Spezialität, die man überall auf den Festen findet, besonders zur Sonnenwendnacht »San Joan«. Man kann sie leicht vorbereiten, überallhin mitnehmen und ganz einfach im Stehen aus der Hand genießen. Bis in die heutige Zeit ist ungewiss, woher diese Köstlichkeit ursprünglich stammt. Manche schreiben sie den Romanen zu, wieder andere gehen davon aus, dass sie aus dem arabischen Raum stammt.

Für den Teigboden

70 g Kürbiskerne, eingeweicht
60 g Sonnenblumenkerne, eingeweicht
80 g Sesam, eingeweicht
6 sonnengetrocknete Tomaten, eingeweicht
1 Fenchelknolle
1 Knoblauchzehe
80 g Leinsamen, eingeweicht in 240 ml Wasser
1 TL Fenchelsamen
1 TL getrockneter Oregano
1 EL Zitronensaft
1 EL Olivenöl, zusätzlich etwas zum Beträufeln
1 TL Meersalz

Für den Belag

1 Aubergine
7 EL Olivenöl, zusätzlich etwas zum Beträufeln
1 TL Meersalz
300 g Cherrytomaten

Für die Paprika-Cashew-Creme

3 rote Paprikaschoten
200 g Cashewkerne
1 Zitrone, Saft
1 TL rote Pfefferbeeren
1 Prise Rauchsalz
schwarzer Pfeffer aus der Mühle

Für die Teigböden die Kürbis- und die Sonnenblumenkerne und den Sesam abgießen und in einer Küchenmaschine mit der Pulse-Funktion zu einem groben Mehl verarbeiten. Die eingeweichten Tomaten abgießen und fein hacken. Die Fenchelknolle putzen und in Würfel schneiden. Die Knoblauchzehe schälen und zerdrücken.

Die gehackten Tomaten, die Fenchelwürfel und den Knoblauch in die Küchenmaschine zu der Mehlmischung geben und mit der Pulse-Funktion fein ver-arbeiten. Die Leinsamen samt Einweichwasser mit den restlichen Zutaten für den Teig ebenfalls in die Küchenmaschine geben und alles zu einem feinkörnigen Teig verarbeiten. Bei Bedarf etwas Wasser hinzufügen. Mit einem Spatel auf einer Dörrfolie ausstreichen, in acht Rechtecke oder Quadrate schneiden und bei 42 Grad über Nacht im Dehydrator trocknen. Dann die Dörrfolie vorsichtig abziehen und die Teigböden im Dehydrator fertig trocknen.

Für den Belag die Aubergine putzen und in dünne Scheiben schneiden. Mit 4 Esslöffeln Olivenöl und ½ Teelöffel Meersalz vermengen, auf ein Dörrnetz geben und 4 Stunden im Dehydrator bei 42 Grad trocknen. Die Cherrytomaten vom Stielansatz befreien, halbieren und mit 2 Esslöffeln Olivenöl und ½ Teelöffel Meersalz vermengen. Ebenfalls auf ein Dörrnetz geben und 4 Stunden im Dehydrator bei 42 Grad trocknen.

Die Zucchini putzen, auf einer Mandoline in Streifen hobeln und mit dem Zitronensaft und 1 Esslöffel Olivenöl etwa 10 Minuten marinieren. Die Frühlingszwiebel putzen und in dünne Streifen schneiden.

Für die Paprika-Cashew-Creme die Paprikaschoten längs aufschneiden, entkernen, grob zerkleinern und mit den restlichen Zutaten für die Creme im Mixer zu einer feinen Creme mixen.

Jeden Teigboden mit etwas Paprika-Cashew-Creme bestreichen. Mit den Auberginenscheiben, den Zucchinistreifen und den Cherrytomaten belegen. Mit den Frühlingszwiebelstreifen bestreuen, mit etwas Olivenöl beträufeln und servieren.

Begegnung.
Inspirationen aus fremden Küchen

Orientalische Dolmades mit Tahini-Minz-Dip

Eine feine Spezialität aus der orientalischen Küche. Die Dolmades eignen sich perfekt als Appetizer, wenn Gäste kommen. Unser Reis ist aus Zucchini und allerlei frischen Kräutern, Trockenfrüchten sowie Orangenblütenessenz gemacht.

Für die Dolmades

20 Weinblätter
80 ml Orangensaft
50 ml Olivenöl
1 EL Honig
1 Prise Meersalz
schwarzer Pfeffer aus der Mühle

Für die Füllung

1 Handvoll Mandeln, eingeweicht
2 mittelgroße Zucchini
4 getrocknete Aprikosen
1 Knoblauchzehe
1 EL fein gehackte rote Zwiebel
1 EL Zitronensaft
½ TL abgeriebene Schale einer unbehandelten Zitrone
3 EL Arganöl
1 TL Orangenblütenessenz
1 EL Honig
½ TL frische Rosmarinnadeln
3 Stängel Dill
3 Stängel Petersilie
1 EL Korinthen
Meersalz, schwarzer Pfeffer aus der Mühle

Für den Tahini-Minz-Dip

4 EL helles Tahini
50 ml Olivenöl
1 EL Sesam
½ Zitrone, Saft
2 EL Tamari
½ Bund frische Minze
1 kleine Chilischote, entkernt
Meersalz

Die Weinblätter vorsichtig vereinzeln und die Stiele entfernen. Orangensaft, Olivenöl, Honig, Meersalz und frisch gemahlenen Pfeffer zu einer Marinade verrühren und die Weinblätter in einer Schüssel damit übergießen. 2 Stunden abgedeckt bei Zimmertemperatur ziehen lassen.

Für die Füllung die Mandeln abgießen, in der Küchenmaschine mit der Pulse-Funktion zu einem feinkörnigen Mehl verarbeiten und in eine große Schüssel geben. Die Zucchini putzen und in Stücke schneiden. Die Aprikosen fein hacken. Den Knoblauch schälen. Zucchinistücke, Knoblauch, Zwiebel, Zitronensaft und -schale, Arganöl, Orangenblütenessenz und den Honig in eine Küchenmaschine geben und mit der Pulse-Funktion zu einer reisähnlichen Textur verarbeiten. Die frischen Kräuter waschen und trocknen, den Rosmarin fein hacken, den Dill fein schneiden und die Petersilienblättchen abzupfen und fein hacken.

Die Zucchinimasse, die gehackten Aprikosen, die Korinthen und die Kräuter in die Schüssel zu dem Mandelmehl geben und alles gründlich vermengen. Mit Meersalz und frisch gemahlenem Pfeffer abschmecken.

Zum Füllen die Weinblätter mit der Oberseite nach unten auf eine Arbeitsplatte legen. Je 1 Teelöffel der Füllung auf den Stielansatz jedes Weinblatts geben, das Blatt links und rechts einschlagen und zur Spitze hin einrollen. Die Dolmades mit der Nahtstelle nach unten auf einen großen Teller legen.

Für den Dip alle Zutaten mit 120 ml Wasser im Mixer zu einer feinen Sauce mixen. Mit Meersalz nach Belieben abschmecken. Auf kleine Dipschälchen verteilen und zu den Dolmades reichen.

Orangen-Hummus

1 mittelgroße Zucchini
100 g weißer Sesam, eingeweicht
1 ½ TL ganzer Kreuzkümmel
2 Knoblauchzehen
3 EL helles Tahini
100 ml Olivenöl
1 mittelgroße unbehandelte Orange, Saft und etwas abgeriebene Schale
½ Limette, Saft
1 TL Meersalz
½ TL Harissa
schwarzer Pfeffer aus der Mühle

Die Zucchini putzen, schälen und in Stücke schneiden. Den Sesam abgießen und abtropfen lassen. Den Kreuzkümmel im Mörser zu einem feinen Pulver zerstoßen. Die Knoblauchzehen schälen. Zucchini, Sesam, Kreuzkümmel und Knoblauch mit den restlichen Zutaten im Mixer zu einer feinen Creme verarbeiten.

Das Orangen-Hummus mit Crudités und Crackern servieren. Es passt außerdem hervorragend zu den Petersilien-Falafeln (siehe folgendes Rezept).

Petersilien-Falafel

170 g Mandeln, eingeweicht
90 g Walnusskerne, eingeweicht
60 g weißer Sesam, eingeweicht
½ Bund Petersilie
4 Stängel Koriander
2 Knoblauchzehen
1 TL ganzer Kreuzkümmel
½ TL ganze Koriandersamen
½ Zitrone, Saft
2 EL helles Tahini
50 ml Olivenöl
½ TL Harissa
1 TL Meersalz

Die Mandeln, die Walnüsse und den Sesam abgießen und kurz mit kaltem Wasser abspülen. Abtropfen lassen, in eine Küchenmaschine geben und mit der Pulse-Funktion zu einem groben Mehl verarbeiten.

Die Petersilie und den Koriander waschen, trocken schütteln und die Blättchen abzupfen. Die Knoblauchzehen schälen und pressen. Den Kreuzkümmel und den Koriander im Mörser zu einem feinen Pulver verarbeiten.

Die Petersilien- und Korianderblättchen mit dem Knoblauch, dem gemahlenen Kreuzkümmel und Koriander sowie Zitronensaft, Tahini, Olivenöl, Harissa, 70 ml Wasser und dem Meersalz in die Küchenmaschine zu dem Mehl geben und alles zu einer feinen Paste verarbeiten.

Mit angefeuchteten Händen aus etwa 1 gestrichenen Esslöffel der Paste kleine Bällchen formen. Die Falafelbällchen auf das Dörrgitter des Dehydrators geben und 5–7 Stunden bei 42 Grad dehydrieren; sie sollten außen leicht knusprig und innen noch saftig weich sein.

Die Falafelbällchen noch leicht warm direkt aus dem Dehydrator servieren. Mit einem frischen grünen Salat und dem Orangen-Hummus (siehe obenstehendes Rezept) servieren.

Marokkanischer Shlata Chizo

Diesen erfrischenden, raffinierten Karotten-Orangen-Salat reiche ich besonders gerne zu orientalischen Gerichten. Für 2 Personen oder als Beilagensalat für 4 Personen.

600 g Karotten
1 Knoblauchzehe
½ TL ganzer Kreuzkümmel
½ TL ganze Koriandersamen
4 EL Olivenöl
3 EL Zitronensaft
½ unbehandelte Orange, Saft und abgeriebene Schale
¼ TL Zimt
1 Prise Vanillepulver
½ TL Harissa
1 TL Honig
Meersalz
1 TL Orangenblütenessenz
3 Stängel Dill
10 Minzeblättchen
2 EL Korinthen
schwarzer Pfeffer aus der Mühle
1 Handvoll Trauben

Die Karotten schälen, mit einem Sparschäler in Streifen schälen oder auf einer Mandoline in feine Scheiben hobeln. Den Knoblauch schälen und fein hacken. Die Kreuzkümmel- und die Koriandersamen in einem Mörser zu einem feinen Pulver verarbeiten und mit Olivenöl, Zitronensaft, Orangensaft und -schale, Zimt, Vanillepulver, Harissa, Honig und etwas Meersalz vermengen. Die Orangenblütenessenz hinzugeben und unterrühren. Die Karottenstreifen in einer Schüssel mit der Vinaigrette übergießen und abgedeckt 2 Stunden ziehen lassen. In der Zwischenzeit den Dill und die Minze waschen und vorsichtig trocknen. Die Dillspitzen zupfen, die Minzeblättchen in feine Streifen schneiden und beides nach den 2 Stunden mit den Karottenstreifen vermengen. Die Korinthen dazugeben und ebenfalls untermengen. Den Salat mit Meersalz und frisch gemahlenem Pfeffer abschmecken.

Die Trauben halbieren. Den Salat auf kleine Schalen verteilen, mit den Traubenhälften belegen und servieren.

Tipp
Die Orangenblütenessenz gibt dem Gericht ein wunderbares Aroma, aber bitte sehr sparsam verwenden.

Eingelegte Zitronen geben diesem Salat nochmals eine besondere Note.

Zucchini-Taboulé

Einer meiner Lieblingssalate, erfrischend und schnell zuzubereiten. Oftmals genieße ich ihn pur oder als Beilage zu Falafel und Hummus.

1 mittelgroße Zucchini
2 Landgurken
4 feste Romatomaten
½ kleine Gemüsezwiebel
1 Knoblauchzehe
1 Handvoll schwarze Oliven, entsteint
1 Bund glatte Petersilie
4 Stängel Minze
1 Zitrone, Saft
1 TL abgeriebene Schale einer unbehandelten Zitrone
½ TL Orangenblütenessenz
4 EL Olivenöl
1 TL Arganöl
½ TL gemahlener Kreuzkümmel
1 Prise Zimt
1 Prise Cayennepfeffer
Meersalz, schwarzer Pfeffer aus der Mühle

Die Zucchini putzen und in grobe Stücke schneiden. Die Gurken ebenfalls in grobe Stücke schneiden. Die Tomaten vom Stielansatz befreien und würfeln. Die Zwiebel schälen und in feine Würfel schneiden. Die Knoblauchzehe schälen und fein reiben. Die Oliven grob hacken. Die Kräuter waschen, trocken schütteln, die Blättchen abzupfen und fein hacken.

Zitronensaft und -schale, Orangenblütenessenz, Olivenöl, Arganöl, Kreuzkümmel, Zimt und Cayennepfeffer in einer Schüssel vermengen. Mit Meersalz und frisch gemahlenem Pfeffer abschmecken.

Die Zucchini- und die Gurkenstücke in eine Küchenmaschine geben und mit der Pulse-Funktion zu reiskorngroßen Raspeln verarbeiten. In eine Schüssel geben, die Tomaten- und Zwiebelwürfel, den Knoblauch und die gehackten Oliven hinzufügen und alles mit der Marinade übergießen. Die gehackten Kräuter hinzugeben und alles gut vermengen. Mit Meersalz und frisch gemahlenem Pfeffer abschmecken. Den Salat pur oder als Beilage servieren.

Tipps
Dieser Salat schmeckt besonders gut, wenn er 1 oder 2 Stunden im Kühlschrank durchgezogen ist. Auch zu diesem Salat passen die eingelegten Zitronen sehr gut.

Eingelegte Zitronen

6 kleine Zitronen
250 g grobes Meersalz
1 Zimtstange
1 Sternanis
6 kleine Zitronen, Saft

Ein Schraubglas à 750 ml Füllmenge 5 Minuten heiß auskochen.

Die Zitronen längs und bis zur Hälfte aufschneiden und vierteln. Mit je 1 Teelöffel grobem Meersalz füllen und in dem Glas übereinander dicht schichten. Zwischen die Zitronen ebenfalls 1 guten Esslöffel Meersalz streuen. Die Zimtstange zerbrechen und mit dem Sternanis in das Glas geben. Mit dem Zitronensaft auffüllen und das Glas zuschrauben.

An einem kühlen und dunklen Ort 3 Wochen stehen lassen, alle 2 Tage das Glas schütteln, sodass sich das Salz nicht am Boden absetzt. Es wird nur die Schale verzehrt. Eingelegte Zitronen halten sich über viele Monate. Es lohnt sich also, diese Köstlichkeit gleich in größeren Mengen zuzubereiten.

Kakipudding mit Granatapfel und Minze

Zu diesem fruchtig-erfrischenden Pudding inspirierte mich Nir Adar, ein Foodstylist aus New York. Während unserer langen Drehpausen bei einer Filmproduktion machten wir uns mit der Umgebung vertraut. Wir fanden wild wachsende Granatäpfel, reife Kakifrüchte und frische Minze. Mit etwas mitgebrachtem Ingwer und Honig zauberten wir dieses wunderbare, farbenprächtige Dessert. Um es weiter zu verfeinern, habe ich dem Ganzen noch duftende Orange, Zimt, Vanille und Kardamom hinzugefügt. Aus wenigen Zutaten ein originelles, schnell zubereitetes Dessert. Danke, Nir und Marissa!

4 reife Kakis
1 großer, reifer Granatapfel
2 Stängel frische Minze
1–2 cm frischer Ingwer
1 Vanilleschote
1 TL Zimt
1 Prise Kardamom
2 EL Orangensaft
1 Prise abgeriebene Schale einer unbehandelten Orange
30 ml Honig
1 Prise Meersalz

Die Kakifrüchte öffnen und mit einem Esslöffel das Fruchtfleisch herauslösen. Den Granatapfel an vier Seiten aufschneiden und die Kerne herauslösen, einige Kerne zum Garnieren beiseitelegen. Die Minze kurz kalt abbrausen, trocken tupfen, die Blättchen abzupfen und bis auf einige Blätter zum Garnieren in feine Streifen schneiden. Den Ingwer schälen und fein reiben. Die Vanilleschote längs aufschneiden und mit einem Teelöffel das Mark herausschaben.

In einer Schüssel Kakifruchtfleisch, Granatapfelkerne, Minze, Ingwer, Vanillemark, Zimt, Kardamom, Orangensaft und -schale, Honig und Meersalz vermengen. Den Kakipudding in kleine Dessertgläser füllen, mit den beiseitegelegten Granatapfelkernen und Minzeblättchen garnieren und servieren.

Asiatische Pho

Diese Zubereitung ist ein ausgezeichnetes Beispiel dafür, dass die rohvegane Küche auch äußerst schmackhafte Brühen herstellen kann. Die Pho kann sanft auf 42 Grad erwärmt werden.

Für die Einlage

70 g frische Shiitakepilze
2 EL Shoyu Sojasauce
1 EL Olivenöl
Zitronensaft
1 kleines Bund Baby-Pak-Choi
Meersalz
1 rote Paprikaschote
1 Karotte
2 Stängel frisches Thai-Basilikum

Für die Brühe

500 g reife Strauchtomaten
2 Stangen Staudensellerie
60 ml Limettensaft
80 ml Shoyu Sojasauce
10 g getrocknete Shiitakepilze, 30 Minuten eingeweicht
2 cm frischer Ingwer
2 cm frische Kurkuma
½ Knoblauchzehe
330 ml Kokoswasser
1 TL Genmai Miso
1 TL Agavendicksaft
1 Stängel Zitronengras
1 EL Rotalgenflocken
1 TL geröstetes Sesamöl
1 Prise gemahlene Anissamen
1 Prise gemahlene Fenchelsamen
1 Prise Zimt
1 Prise Cayennepfeffer

Die frischen Shiitakepilze in Scheiben schneiden und 15 Minuten mit der Shoyu Sojasauce, dem Olivenöl und 1 Teelöffel Zitronensaft marinieren. Den Baby-Pak-Choi waschen und trocken schleudern. In eine Schüssel geben und mit etwas Zitronensaft und Meersalz 1 Minute sanft kneten. Die Paprikaschote längs aufschneiden, entkernen und fein würfeln. Die Karotte schälen und in feine Streifen schneiden. Das Thai-Basilikum waschen, trocknen und die Blättchen abzupfen.

Für die Brühe die Tomaten vom Stielansatz befreien und vierteln. Den Staudensellerie putzen und in Stücke schneiden. Die Tomaten und den Staudensellerie mit Limettensaft und Shoyu Sojasauce in den Mixer geben und fein mixen. Durch ein feines Spitzsieb oder einen Nussbeutel streichen und die Brühe auffangen. Die Brühe zurück in den Mixer geben. Die eingeweichten Shiitakepilze abgießen. Den Ingwer, die Kurkuma und den Knoblauch schälen.

Kokoswasser, Genmai Miso, Agavendicksaft, Zitronengras, Shiitakepilze, Ingwer, Kurkuma, Knoblauch, Rotalgenflocken, Sesamöl, Anis, Fenchel, Zimt und Cayennepfeffer hinzugeben und fein mixen. Nochmals durch ein Spitzsieb oder einen Nussbeutel filtern und die Brühe auffangen.

Die marinierten Shiitakepilze, den Pak Choi, die Paprikawürfel und die Karottenstreifen auf vier vorgewärmte Schalen verteilen. Die Schalen mit der Brühe auffüllen. Die Suppe mit Thai-Basilikumblättchen bestreuen und servieren.

Pastinakenreis-Sushi-Maki mit Shoyu-Limetten-Sauce

Für die Sushi-Maki
1 reife Avocado
1 mittelgroße Gurke
1 Karotte
6 Shiitakepilze
1 EL Tamari
1 TL Olivenöl
1 TL Zitronensaft
4 Noriblätter
frische Sprossen nach Wahl
2 Stängel Koriander

Für die Pastinakenreis-Füllung
350 g Pastinaken
1 Frühlingszwiebel
170 g Pinienkerne, eingeweicht
1 EL Zitronensaft
3 EL Olivenöl
1 TL geröstetes Sesamöl
1 TL Meersalz
8 g Rotalgenflocken
1 TL schwarzer Sesam

Für die Sauce
70 ml Shoyu Sojasauce
1 Limette, Saft
1 TL frischer Ingwersaft
1 TL Honig
1 Prise Wasabipulver

Für den Pastinakenreis den Innenteil der Pastinaken entfernen und die Pastinaken in kleine Stücke schneiden. Die Frühlingszwiebel putzen und in feine Scheiben schneiden. Die Pastinakenstücke in eine Küchenmaschine geben und mit der Pulse-Funktion grob zerkleinern.

Die Pinienkerne abgießen und mit der Frühlingszwiebel, Zitronensaft, Olivenöl, Sesamöl und Meersalz in die Küchenmaschine zu den Pastinaken geben und alles mit der Pulse-Funktion zu einer reisartigen Textur verarbeiten. Den Pastinakenreis in eine Schüssel geben und mit den Rotalgenflocken und dem schwarzen Sesam mischen.

Für die Sushi-Maki die Avocado aufschneiden und entkernen. Mit einem Esslöffel das Fruchtfleisch im Ganzen lösen und in feine Spalten schneiden. Die Gurke und die Karotte schälen und in feine Streifen schneiden.

Die Shiitakepilze mit einem angefeuchteten Küchenpapier reinigen, den Stiel entfernen und die Pilze in feine Streifen schneiden. In einer Schüssel mit dem Tamari, dem Olivenöl und dem Zitronensaft vermengen.

Ein Noriblatt mit der rauen Seite nach oben und der glänzenden Seite nach unten auf eine Bambusmatte legen. Den Pastinakenreis mit angefeuchteten Händen von der unteren Seite bis zur Mitte des Noriblattes verteilen und mit der flachen Hand andrücken. Dabei am unteren Ende des Noriblattes zwei Fingerbreit aussparen. In der Mitte des Pastinakenreises mit der Handkante eine horizontale kleine Mulde bilden. Der Länge nach einige Karotten- und Gurkenstreifen, einige marinierte Shiitakepilzscheiben sowie Avocadospalten und frische Sprossen in der Mulde verteilen. Den Koriander waschen, trocknen, die Blättchen abzupfen und auf die Füllung streuen.

Das Noriblatt vorsichtig aufrollen, anschließend die Norirolle mit der Unterseite auf ein Schneidebrett legen. So fortfahren, bis alle Zutaten aufgebraucht sind. Die Norirollen mit einem scharfen Messer in mundgerechte Stücke schneiden.

Für die Shoyo-Limetten-Sauce die Shoyu Sojasauce mit Limettensaft, Ingwersaft, Honig und Wasabipulver in einer Schüssel vermengen und zu den Sushi-Maki reichen.

Gurken-Wakame-Mango-Salat

20 g Wakame-Seealgen, 30 Minuten in kaltem Wasser eingeweicht
4 cm frischer Ingwer
160 ml Genmai Su
2 EL Zitronensaft
4 EL Honig
3 mittelgroße Landgurken
Meersalz
2 reife Mangos
1 EL schwarzer Sesam

Die Wakame-Seealgen abgießen, abtropfen lassen und in feine Streifen schneiden. Den Ingwer schälen, fein reiben und in einer Schüssel mit dem Genmai Su, dem Zitronensaft und dem Honig vermengen. Das Dressing durch ein feines Sieb filtern, dann mit den Algen vermengen und die Algen 20 Minuten ziehen lassen.

In der Zwischenzeit die Gurken mit der Mandoline in Scheiben hobeln. Mit etwas Meersalz bestreuen und 5 Minuten ziehen lassen. Anschließend mit Küchenpapier trocken tupfen. Die Mango aufschneiden, entkernen und in große Würfel schneiden.

Die Gurkenscheiben auf vier kleine Schälchen oder Teller verteilen. Die Mangowürfel und die Algen mitsamt dem Sud hinzugeben. Mit den schwarzen Sesamsamen bestreuen und servieren.

Tipp
Ein einfacher Tipp, um reife Mangos richtig zu entkernen, ohne sie zu schälen: die ungeschälte Mango vorsichtig längsseitig bis zum Kern einschneiden. Die Frucht in die Hand nehmen und einen Esslöffel vorsichtig in den Schnitt einführen und ihn einmal um den Kern herum bewegen, sodass sich die Hälfte des Fruchtfleisches vom Kern ablöst. Anschließend von der anderen Seite ebenso verfahren. Nun die Mangohälften auf ein Schneidebrett legen und mit einem Küchenmesser das Fruchtfleisch in ein Gittermuster schneiden, dabei die Mangoschale nicht verletzen. Anschließend die Mangohälften von innen nach außen drücken und die Würfel an der Schale entlang mit dem Küchenmesser abschneiden.

Thai-Frühlingsrollen mit Tamarinden-Mango-Sauce

Thai-Frühlingsrollen mit Tamarinden-Mango-Sauce

Durch Asien bin ich bis heute noch nicht viel gereist, jedoch lebte ich in den 90ern in San Francisco und habe seither das Gefühl, ich hätte die Vielfalt der asiatischen Küche bereits dort kennengelernt. Ich genoss die asiatischen Märkte mit ihren vielen exotischen Früchten, die ich bis dahin noch nie gesehen hatte. Viele kleine Woks bereiteten in zwei Minuten köstliche Spicy-Food-Gerichte zu, mit viel knackigem, frischem Gemüse und exotischen Saucen.

Für die Thai-Frühlingsrollen

1 kleines Bund Spinat
1 rote Paprikaschote
2 Karotten
1 Frühlingszwiebel
½ Bund Koriander
10 frische Thai-Basilikumblättchen
2 Handvoll frische Sojasprossen
8–12 Reisblätter à 20 cm Durchmesser

Für die Sauce

1 rote Paprikaschote
½ reife Mango
40 g Cashewkerne, eingeweicht
1 Knoblauchzehe
50 ml Tamari
2 Limetten, Saft
1 TL geröstetes Sesamöl
1 EL Tamarindenpaste
2 EL Agavendicksaft
1 Prise Cayennepfeffer

Für die Glace

3 EL Tamari
2 EL Sesamöl
50 ml Agavendicksaft
1 TL rote Bio-Thaipaste

Für die Frühlingsrollen den Spinat waschen, trocknen und in feine Streifen schneiden. Die Paprikaschote längs aufschneiden, entkernen und in feine Streifen schneiden. Die Karotten schälen und in feine Stifte raspeln. Die Frühlingszwiebel putzen und in feine Scheiben schneiden. Den Koriander und das Thai-Basilikum waschen, trocken schütteln und die Blättchen abzupfen. Die Korianderblättchen fein hacken, die Thai-Basilikumblättchen in feine Streifen schneiden. Die vorbereiteten Zutaten in einer Schüssel mit den Sojasprossen vermengen.

Für die Tamarinden-Mango-Sauce die Paprikaschote längs aufschneiden, entkernen und in feine Stücke schneiden. Die Mango entkernen und das Fruchtfleisch lösen. Die Cashewkerne abgießen. Die Knoblauchzehe schälen und zerdrücken. Paprika, Mango, Cashewkerne, Knoblauch, 100 ml Wasser, Tamari, Limettensaft, Sesamöl, Tamarindenpaste, Agavendicksaft und Cayennepfeffer in den Mixer geben und fein mixen.

Alle Zutaten für die Glace in eine kleine Schüssel geben und gut vermengen.

Ein Reisblatt nach dem anderen in einen mit kaltem Wasser gefüllten tiefen Teller geben und einweichen lassen, bis sie weich sind. Vorsichtig auf eine Arbeitsplatte legen. Etwas von der Füllung in die Mitte des Reisblattes legen. Erst die linke und die rechte Seite einschlagen, anschließend von unten aufrollen. Die gerollten Reisblätter mit der offenen Seite nach unten auf einen Teller legen. Mit den anderen Reisblättern so fortfahren, bis alle Zutaten aufgebraucht sind.

Die Frühlingsrollen auf flache Teller geben, mit der Glace bestreichen und mit der Tamarinden-Mango-Sauce servieren.

Thai-Minz-Sprossen-Salat

Für den Salat
1 große Gurke
1 junge Papaya
1 Karotte
4 Handvoll Babyspinat
½ Bund Radieschen
50 g Cashewkerne
3 Stängel frische Minze
2 Stängel Thai-Basilikum
2 Handvoll frische Sojasprossen
1 EL schwarzer Sesam

Für das Dressing
1 kleine rote Chilischote
60 ml Tamari
60 ml Sesamöl
30 ml Olivenöl
2 Limetten, Saft
1 Prise abgeriebene Schale einer unbehandelten Limette
3 EL weißer Sesam
1 EL Agavendicksaft

Die Gurke schälen, längs aufschneiden, entkernen und auf einer Mandoline in Stifte hobeln. Die Papaya gründlich schälen, entkernen und auf einer Mandoline in feine Stifte hobeln. Die Karotte schälen und ebenfalls in feine Stifte hobeln.

Den Babyspinat waschen und trocken tupfen. Die Radieschen vom Grün befreien und in feine Scheiben schneiden. Die Cashewkerne grob hacken. Die Minze und das Thai-Basilikum waschen, trocken schütteln und die Blättchen abzupfen. Die vorbereiteten Zutaten in eine Schüssel geben und gründlich vermengen.

Für das Dressing die Chilischote längs aufschneiden, entkernen und fein hacken. Die Chili mit Tamari, Sesamöl, Olivenöl, Limettensaft und -schale, Sesam und Agavendicksaft mixen. Das Dressing über den Salat geben. Den Salat auf Schälchen verteilen und mit Sojasprossen und schwarzem Sesam bestreut servieren.

Thai-Kokossüppchen mit Kaffirlimettenblättern

60 g Shiitakepilze
2 EL Zitronensaft + Saft einer ganzen Zitrone
6 EL Shoyu Sojasauce
1 EL Olivenöl + 80 ml Olivenöl
1 mittelgroße Karotte
1 rote Paprikaschote
2 cm frischer Ingwer
1 kleine Knoblauchzehe
100 g Kokosraspel
800 ml Kokoswasser
4 Kaffirlimettenblätter
2 Stängel Thai-Basilikum
1 TL ganzer Kreuzkümmel
4 EL Limettensaft
1 TL geröstetes Sesamöl
1 Prise Cayennepfeffer
Meersalz
3 Stängel Koriander
1 TL Rotalgenflocken

Die Shiitakepilze mit einem leicht angefeuchteten Küchenpapier säubern, den Strunk entfernen und die Pilze in feine Streifen schneiden. In einer kleinen Schüssel mit 1 Esslöffel Zitronensaft, 2 Esslöffel Shoyu Sojasauce und 1 Esslöffel Olivenöl vermengen und 30 Minuten ziehen lassen.

Die Karotte schälen und auf einer Mandoline in hauchdünne Scheiben hobeln. Mit 1 Esslöffel Zitronensaft beträufeln und 10 Minuten ruhen lassen. Die Paprika längs aufschneiden, entkernen und in feine Streifen schneiden.

Ingwer und Knoblauch schälen. Ingwer, Kokosraspel, Kokoswasser, Kaffirlimettenblätter, Thai-Basilikum und Kreuzkümmel in den Mixer geben und fein mixen. Durch ein Passiersieb geben oder durch einen Nussbeutel filtern und die Flüssigkeit auffangen. Die Flüssigkeit zurück in den Mixer geben. 4 Esslöffel Shoyu Sojasauce, Limettensaft, den Saft der ganzen Zitrone, Knoblauch, 80 ml Olivenöl, Sesamöl und Cayennepfeffer hinzufügen und mixen. Mit Meersalz abschmecken. Den Koriander waschen, trocknen und die Blättchen abzupfen.

Die marinierten Shiitakepilze auf Schälchen verteilen. Die Karottenscheiben und die Paprikastreifen hinzugeben. Mit der Suppe auffüllen und mit den Korianderblättchen und den Rotalgenflocken bestreut servieren.

Tipp
Falls kein Kokoswasser zur Hand ist, kann es einfach durch Wasser ersetzt werden.

Diese Suppe schmeckt bei Zimmertemperatur oder auch auf 42 Grad erwärmt.

Vertrautheit. **Käse und Brot**

Mandelricotta

Die rohen Nusskäse sind eine wunderbare Alternative zu Milchkäseprodukten. Sie schmecken ähnlich wie traditionell hergestellter Käse, sind jedoch wesentlich bekömmlicher als dieser und versorgen den Organismus mit wichtigen Mineralien. Mandelricotta ist in vielen Rezepten verwendbar; pur oder vermengt mit frischen Kräutern wird er besonders geschätzt in Pastagerichten oder Pasten aller Art.

340 g Mandeln, eingeweicht
2 g probiotisches Pulver
1 TL Meersalz

Die Mandeln abgießen und kurz abspülen. Mit heißem, nicht mehr kochendem Wasser übergießen und 5 Minuten stehen lassen. Nach 5 Minuten lassen sich die Schalen der Mandeln ganz einfach abziehen. Die bereits geschälten Mandeln in eine mit kaltem Wasser gefüllte Schüssel geben, bis alle Mandeln geschält sind. Die Mandeln abtropfen lassen und in den Mixer geben. 260 ml Wasser und das probiotische Pulver hinzugeben und alles zu einer feinen Creme mixen.

Die Käsemasse in ein mit einem Käsetuch ausgelegtes Sieb geben und das Käsetuch oben über dem Käse zusammenschlagen, sodass er bedeckt ist. Ein leichtes Gewicht, zum Beispiel ein kleines mit Wasser gefülltes Schraubglas, auf die Käsemasse stellen; es sollte nur wenig Druck auf den Käse ausgeübt werden. Den Käse bei Zimmertemperatur 8–10 Stunden fermentieren lassen. Ein leichter Käsegeruch zeigt an, dass der Ricotta fertig zum Genuss oder zur weiteren Verarbeitung ist. Den Mandelricotta mit dem Meersalz vermengen und in einem verschließbaren Glas bis zur weiteren Verwendung aufbewahren.

Tipp
Probiotika sind wichtige Mikroorganismen, die eine besondere Heilwirkung auf den menschlichen Organismus haben, vor allem auf die Verdauung.

Macadamiakäse mit Pistou de la Provence

Rohvegane Käse sind außergewöhnlich köstlich und bieten unzählige Möglichkeiten. So wie dieser raffinierte Nusskäse, gereift aus edlen Macadamianüssen, kombiniert mit einem aromatischen Pesto mit Kräutern der Provence.

Für den Macadamiakäse
300 g Macadamianüsse
2 g probiotisches Pulver
1 TL Shiro Miso
1 EL Edelhefeflocken
½ TL Meersalz

Für das Pistou de la Provence
70 g Pistazien
40 g Cashewkerne
1 Knoblauchzehe
50 g Rucola
40 g frisches Basilikum
1 TL getrocknete Kräuter der Provence
190 ml Olivenöl
10 ml Leinöl
1 EL Zitronensaft
½ TL abgeriebene Schale einer unbehandelten Zitrone
Meersalz, schwarzer Pfeffer aus der Mühle
1 TL getrocknete Wildblüten der Provence

Für den Käse die Macadamianüsse, das probiotische Pulver und 150 ml Wasser in den Mixer geben und zu einer feinen Creme verarbeiten. Die Madacamiacreme in ein mit einem Käsetuch ausgelegtes Sieb geben und das Käsetuch oben über dem Käse zusammenschlagen, sodass er bedeckt ist. 2 Stunden bei Zimmertemperatur ruhen lassen. Dann die Käsemasse mit einem wassergefüllten Schraubglas beschweren. Das Schraubglas sollte nur so schwer sein, dass kaum Druck auf die Käsemasse ausgeübt wird. Den Macadamiakäse 20 Stunden bei Zimmertemperatur reifen lassen.

Für das Pistou die Pistazien und die Cashewkerne in eine Küchenmaschine geben und grob verarbeiten. Den Knoblauch schälen und fein reiben. Das Knoblauchpüree mit den restlichen Zutaten zu den Pistazien und den Cashewkernen in die Küchenmaschine geben und mit der Pulse-Funktion zu einem groben Pesto verarbeiten.

Nach der Reifezeit den Macadamiakäse in eine Schüssel geben und mit dem Shiro Miso, den Edelhefeflocken und dem Meersalz vermengen. Die Käsemasse in zwei oder mehrere Kuchenringe bis zur Mitte hoch einfüllen. Darauf ein wenig Pistou streichen, dann den oder die Kuchenringe bis zum Rand mit Nusskäse auffüllen. Den Käse im Kühlschrank 6–8 Stunden kühlen. Nach der Kühlzeit den Kuchenring vorsichtig abnehmen. Den Käse mit Pistou beträufeln und mit den Wildblüten bestreut servieren. Dazu Crudités und Cracker reichen.

Walnuss-Honig-Cashewkäse

1 TL frische Thymianblättchen
4 EL Walnusskerne
300 g Mandelricotta (siehe Rezept Seite 182)
1 EL Honig
1 TL Shiro Miso
1 EL Edelhefeflocken
1 Prise Meersalz
schwarzer Pfeffer aus der Mühle

Die Thymianblättchen waschen, trocknen und fein hacken. Die Walnusskerne grob hacken. Den Mandelricotta in eine Schüssel geben und mit den Walnüssen, Thymian, Honig, Shiro Miso, Edelhefeflocken und Meersalz vermengen. Mit frisch gemahlenem Pfeffer abschmecken. Mit Crudités und Crackern servieren.

Italienischer Kräuter-Parmesankäse

Wenn Sie Ihren Freunden oder Ihrer Familie diesen Käse servieren, wird Ihnen niemand glauben, dass dies kein echter Parmesan ist. Er schmeckt unvergleichlich. Ideal für Pastagerichte, Salate und mariniertes Gemüse.

160 g Pinienkerne, eingeweicht
100 g Macadamianüsse, eingeweicht
1 TL probiotisches Pulver
1 TL Meersalz
1 EL getrocknete italienische Kräuter

Die Pinienkerne und die Macadamianüsse abgießen, kurz abspülen und in den Mixer geben. 250 ml Wasser, das probiotische Pulver und das Meersalz hinzufügen und alles zu einer feinen Creme mixen. Die Käsemasse dünn auf Dörrfolien ausstreichen. Bei 20 Grad 3 Stunden im Dehydrator fermentieren lassen.

Nach 3 Stunden mit den Kräutern bestreuen und anschließend im Dehydrator 8 Stunden oder am besten über Nacht bei 42 Grad dehydrieren. Dann die Dörrfolie vorsichtig abziehen und den Nusskäse so lange weiter dehydrieren, bis er eine trockene, bröckelige Textur annimmt.

Der Kräuterparmesan kann in einem luftdichten Glasgefäß bis zu einer Woche aufbewahrt werden. Er passt wunderbar zu allen Salat- und Pastagerichten, man kann ihn einfach darüberkrümeln.

Marinierte Champignons mit Kräuter-Mandelricotta

Herzhafte Champignons, gefüllt mit aromatischem Kräuterkäse, sind ein idealer Begleiter zu einem Aperitif. Und mit einer knackigen Salatbeilage wird dieses Gericht gleich zu einem gefühlten Hauptgang.

Für die marinierten Champignons

16 braune Champignons (Egerlinge)
2 EL Tamari
1 EL Olivenöl
1 EL Zitronensaft
1 TL getrockneter Oregano

Für den Kräuter-Mandelricotta

3 Stängel Petersilie
30 g frisches Basilikum
1 kleine Knoblauchzehe
150 g Mandelricotta (siehe Rezept Seite 182)
1 TL Zitronensaft
1 EL Edelhefeflocken
50 ml Olivenöl
Steinsalz, schwarzer Pfeffer aus der Mühle

Die Champignons mit einem angefeuchteten Küchenpapier abreiben und den Stiel entfernen. In einer kleinen Schüssel das Tamari mit dem Olivenöl, dem Zitronensaft und dem Oregano vermengen. Die Champignons hinzugeben und mit der Marinade vermengen. 2 Stunden marinieren, zwischendurch umrühren. Nach 2 Stunden die marinierten Champignons auf ein Dörrnetz geben und im Dehydrator bei 42 Grad 1 Stunde trocknen.

Für den Kräuter-Mandelricotta die Petersilie und das Basilikum waschen, trocken schütteln, die Blättchen abzupfen, fein hacken und in eine Schüssel geben. Den Knoblauch schälen und fein hacken. Mandelricotta, Zitronensaft, Knoblauch, Edelhefeflocken und Olivenöl zu den Kräutern geben und alles gründlich vermengen. Mit Steinsalz und frisch gemahlenem Pfeffer abschmecken.

Die Champignons mit dem Kräuter-Mandelricotta füllen. Als Vorspeise reichen oder mit einer Salatbeilage als Hauptgang servieren.

Gereifter Cashewkäse mit Feigen-Senf-Sauce

Für den Cashewkäse
330 g Cashewkerne, eingeweicht
3 g probiotisches Pulver
1 EL Edelhefeflocken
1 EL Zitronensaft
1 TL Steinsalz

Für die Sauce
4 frische Feigen
6 getrocknete Feigen, eingeweicht
2 Stängel Thymian
1 TL Dijon-Senf
1 Prise gemahlene Anissamen
2 EL Agavendicksaft
130 ml Orangensaft
Steinsalz, schwarzer Pfeffer aus der Mühle

Die Cashewkerne abgießen und mit 270 ml Wasser und dem probiotischen Pulver in den Mixer geben und zu einer feinen Creme mixen. Die Nusscreme in eine Glasschüssel geben und mit einem Küchenpapier abdecken. An einem warmen Ort 10 Stunden fermentieren lassen. Anschließend die Creme in einer sauberen Schüssel mit den Edelhefeflocken, dem Zitronensaft und dem Steinsalz vermengen. In zwei große Kuchenringe geben und im Dehydrator bei 42 Grad über Nacht dehydrieren.

Für die Sauce die frischen Feigen vom Strunk befreien und in Stücke schneiden. Die getrockneten Feigen abgießen und ebenfalls in Stücke schneiden. Den Thymian waschen, trocknen, die Blättchen von den Stängeln streifen und fein hacken. Die frischen und die getrockneten Feigen mit Thymian, Senf, Anis, Agavendicksaft und Orangensaft in den Mixer geben und zu einer feinen Sauce mixen. Mit Steinsalz und frisch gemahlenem Pfeffer abschmecken.

Die Kuchenringe vorsichtig von dem Käse abnehmen. Den Nusskäse mit der Feigen-Senf-Sauce beträufelt servieren. Gerne können zu dem Käse auch noch frisch aufgeschnittene Feigen und einige gehackte Walnüsse gereicht werden.

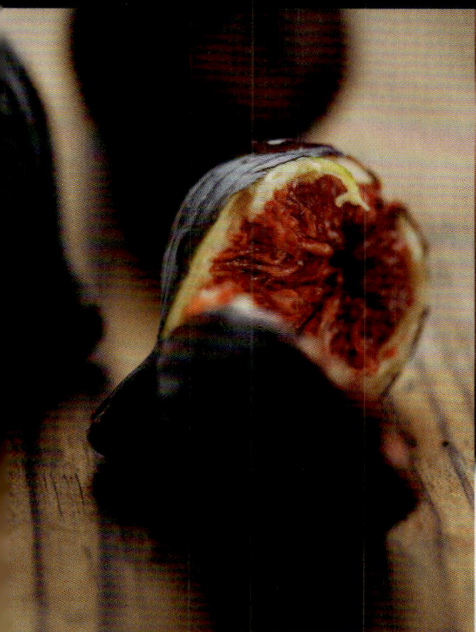

Macadamia-Camembert

250 g Macadamianüsse, eingeweicht
1 TL probiotisches Pulver
1 EL Edelhefeflocken
1 EL Shiro Miso
½ TL Meersalz

Die Macadamianüsse abgießen und kurz abspülen. Dann mit 100 ml Wasser und dem probiotischen Pulver in der Mixer geben und zu einer homogenen Creme mixen. Die Käsemasse in ein mit einem Käsetuch ausgelegtes Sieb geben und das Käsetuch oben über dem Käse zusammenschlagen, sodass er bedeckt ist. 2 Stunden ruhen lassen. Nach 2 Stunden mit einem Gewicht leicht beschweren. Dann 12 Stunden bei Zimmertemperatur ruhen lassen.

Nach der Ruhezeit das Käsetuch entfernen und die Käsemasse in eine Schüssel geben. Die Edelhefeflocken, das Shiro Miso und das Salz hinzugeben und alles gut vermengen. Aus der Masse mit leicht angefeuchteten Händen zwei große Käse formen. Auf ein Dörrgitter legen und im Dehydrator bei 42 Grad 10 Stunden dehydrieren. Den Macadamia-Camembert mit Crackern reichen.

Mel i Mató

»Mel i Mató« ist ein typisches Gericht in Katalonien. Süßer Honig verschmilzt mit mildem Mandelkäse. Das delikate Dessert aus heimischen Nüssen wird in vielen kleinen Restaurants serviert.

300 g Mandeln, eingeweicht
½ TL rote Pfefferbeeren
1 EL Edelhefeflocken
1 TL Shiro Miso
1 TL Agavendicksaft
½ TL Meersalz
100 ml Rohhonig oder Agavendicksaft
ganze Walnusskerne, Mandeln, getrocknete Aprikosen oder Weintrauben nach Belieben

Die Mandeln abgießen und kurz mit kaltem Wasser abspülen, dann mit heißem, nicht mehr kochendem Wasser übergießen. Nach 5 Minuten die Schalen abziehen. Die geschälten Mandeln mit 250 ml Wasser in den Mixer geben und zu einer feinen Creme mixen. Die Käsemasse in ein mit einem Käsetuch ausgelegtes Sieb geben und das Käsetuch über dem Käse zusammenschlagen, sodass er bedeckt ist. 4 Stunden bei Zimmertemperatur ruhen und abtropfen lassen.

Die roten Pfefferbeeren in einem Mörser grob zerstoßen. Nach der Ruhezeit die Käsemasse in einer Schüssel mit den zerstoßenen Pfefferbeeren, Edelhefeflocken, Miso, Agavendicksaft und dem Meersalz vermengen. Den Käse in kleine Kuchenringe füllen und 2 Stunden kalt stellen.

Anschließend die Kuchenringe vorsichtig entfernen. Den Käse auf kleinen Tellern anrichten, mit Honig oder Agavendicksaft beträufeln und nach Belieben mit ganzen Walnusskernen, Mandeln und/oder fein geschnittenen getrockneten Früchten bestreut servieren.

Tomaten-Kräuter-Cracker

Ergibt 2–3 Bleche

200 g Mandeln, eingeweicht
2 reife Tomaten
100 g sonnengetrocknete Tomaten, eingeweicht
1 mittelgroße Zucchini
1 mittelgroße Gemüsezwiebel
1 Knoblauchzehe
½ Bund Basilikum
1 TL Meersalz
1 EL getrocknete italienische Kräuter
120 g helle Leinsamen, 4 Stunden eingeweicht in 240 ml Wasser
schwarzer Pfeffer aus der Mühle

Die Mandeln abgießen, kurz kalt abwaschen, abtropfen lassen, in die Küchenmaschine geben und zu einer groben Paste verarbeiten.

Die frischen Tomaten vom Strunk befreien und in Stücke schneiden. Die eingeweichten Tomaten abgießen und in Streifen schneiden. Die Zucchini putzen und in Stücke schneiden. Die Gemüsezwiebel schälen und in große Würfel schneiden. Die Knoblauchzehe schälen und durch die Presse drücken. Das Basilikum waschen, trocken schütteln und die Blättchen abzupfen.

Tomaten, sonnengetrocknete Tomaten, Zucchinistücke, Zwiebelwürfel, Knoblauch sowie das Meersalz in die Küchenmaschine zu den Mandeln geben und alles pürieren. Die Basilikumblättchen und die italienischen Kräuter hinzugeben und mit der Pulse-Funktion in die Masse einarbeiten. Die Leinsamen samt Einweichwasser hinzufügen und alles nochmals pürieren.

Den Teig 10 Minuten stehen lassen. Etwas frisch gemahlenen Pfeffer hinzugeben und unterrühren. Den Teig auf zwei bis drei mit Dörrfolie ausgelegte Einschubfächer verteilen und mit einem Teigspatel ausstreichen. Im Dehydrator bei 42 Grad über Nacht trocknen. Am nächsten Tag die Dörrfolie vorsichtig abziehen und den Teig fertig trocknen. Die Teigplatte in beliebig große Stücke brechen und die Cracker als Beilage zu Salaten, Suppen, Pestos oder Pâtés reichen.

Fenchel-Dill-Cracker

Ergibt 2 Bleche

270 g Mandeln, eingeweicht
1 große Fenchelknolle
1 mittelgroße Zucchini
1 Knoblauchzehe
5 EL Dillspitzen
1 EL getrocknete Kräuter der Provence
1 TL Fenchelsamen
2 EL Zitronensaft
½ TL abgeriebene Schale einer unbehandelten Zitrone
1 TL Meersalz
70 g Leinsamen, 4 Stunden eingeweicht in 140 ml Wasser
schwarzer Pfeffer aus der Mühle

Die Mandeln abgießen, kurz abspülen und in einer Küchenmaschine grob verarbeiten. Den Fenchel und die Zucchini putzen, in kleine Stücke schneiden und ebenfalls in die Küchenmaschine geben. Alles mit der Pulse-Funktion fein verarbeiten. Den Knoblauch schälen und fein reiben. Knoblauch, Dillspitzen, Kräuter der Provence, Fenchelsamen, Zitronensaft und -schale sowie das Meersalz in die Küchenmaschine geben und in den Teig einarbeiten. Die Leinsamen samt Einweichwasser hinzugeben und ebenfalls einarbeiten. Den Teig mit frisch gemahlenem Pfeffer abschmecken.

Die Teigmasse auf zwei Dörrfolien verteilen und mit einem Teigspatel glatt streichen. Im Dehydrator bei 42 Grad 12 Stunden, am besten über Nacht, trocknen. Nach den 12 Stunden die Dörrfolie abziehen und den Teig fertig trocknen, bis er knusprig ist. Die Teigplatte in beliebig große Stücke brechen und die Cracker als Beilage zu Salaten, Suppen, Pestos oder Pâtés reichen.

Cumin-Karotten-Crisps

Diese Crisps passen wunderbar als Begleiter zu asiatischen und orientalischen Gerichten, etwa dem Orangen-Hummus.

Ergibt 2–3 Bleche

130 g Sonnenblumenkerne, eingeweicht
50 g Sesam, eingeweicht
1 mittelgroße Zucchini
3 mittelgroße Karotten
1 Stange Staudensellerie
1 kleine rote Zwiebel
2 Knoblauchzehen
1 TL ganzer Kreuzkümmel
1 kleine Chilischote
½ TL Currypulver
½ TL süßer Pimentón
1 TL Meersalz
1 TL Agavendicksaft
1 EL Zitronensaft
110 g Leinsamen, 4 Stunden eingeweicht in 300 ml Wasser
1 EL schwarzer Sesam
schwarzer Pfeffer aus der Mühle

Die Sonnenblumenkerne und den Sesam abgießen. Die Zucchini putzen und in grobe Stücke schneiden. Die Karotten schälen und in kleine Stücke schneiden. Den Staudensellerie putzen und in feine Scheiben schneiden. Die Zwiebel schälen und würfeln. Die Knoblauchzehen schälen und zerdrücken. Den Kreuzkümmel im Mörser zu einem feinen Pulver mahlen. Die Chilischote längs aufschneiden, entkernen und fein hacken.

Zucchini, Karotten, Staudensellerie, Zwiebel und Knoblauch in einer Küchenmaschine pürieren. Dann die Sonnenblumenkerne, den Sesam, die Gewürze, das Meersalz, den Agavendicksaft und den Zitronensaft hinzugeben und alles zu einem feinen Teig verarbeiten. Die Leinsamen samt Einweichwasser hinzugeben und pürieren.

Den Teig auf zwei bis drei Dörrfolien verteilen und mit einem Teigspatel ausstreichen. Mit schwarzem Sesam und frisch gemahlenem Pfeffer bestreuen und 12 Stunden oder über Nacht bei 42 Grad trocknen. Nach 12 Stunden die Teigplatte wenden. Die Dörrfolie vorsichtig abziehen und die Teigplatte fertig trocknen. Die Teigplatte in Crisps der gewünschten Größe brechen. Die Crisps passen zu Suppen, Salaten oder jedem beliebigen Gericht.

Tipp
Alle Crisps, die man nicht sofort genießt, in einer luftdichten Dose aufbewahren, so halten sie sich bis zu 2 Wochen.

Mandel-Oliven-Cracker

Diese Cracker passen besonders gut zu Nusskäse.

Ergibt 1 Blech

100 g Mandeln, eingeweicht
70 g Kürbiskerne, eingeweicht
40 g schwarze Oliven
2 EL frischer Rosmarin
½ Frühlingszwiebel
1 TL Zitronensaft
1 TL Meersalz
schwarzer Pfeffer aus der Mühle
70 g Leinsamenmehl

Die Mandeln und die Kürbiskerne abgießen und kurz waschen, anschließend in eine Küchenmaschine geben und mit der Pulse-Funktion zu einem groben Mehl verarbeiten. Die Oliven entkernen und fein hacken. Den Rosmarin waschen, trocken schütteln und die Nadeln abzupfen. Die Frühlingszwiebel putzen und in Streifen schneiden. Oliven, Rosmarin, Frühlingszwiebelstreifen, Zitronensaft, Salz und frisch gemahlenen Pfeffer in die Küchenmaschine zu dem Mehl geben und mit der Pulse-Funktion in das Mehl einarbeiten. Die Mischung in eine Schüssel geben. Das Leinsamenmehl und etwas Wasser (von insgesamt 200 ml) hinzugeben. Mit den Händen einen Teig kneten, das restliche Wasser nach und nach hinzufügen.

Den Teig auf eine Dörrfolie geben und mit leicht angefeuchteten Händen flach drücken. Eine weitere Dörrfolie über den Teig legen und mithilfe eines Teigrollers den Teig ebenmäßig ausrollen, dabei behutsam Druck ausüben. Die oben aufliegende Dörrfolie vorsichtig abziehen und den Teig mit angefeuchteten Händen glatt streichen. Mit einem Messer oder einem Teigspatel die gewünschte Crackergröße markieren oder mit einem Metallring runde Formen ausstechen.

Die Cracker bei 42 Grad 12 Stunden trocknen. Anschließend die Dörrfolie vorsichtig abziehen und die Cracker fertig trocknen.

Feigen-Aprikosen-Cracker

Eine leicht süße Variante. Passt hervorragend zu Nusskäse oder einem Glas Nussmilch. Auch ideal zum Knabbern für unterwegs.

- 300 g Mandeln
- 140 g Haselnüsse
- 300 g Erdmandelmehl
- 3 EL gemahlene Chiasamen
- 1 EL frischer Rosmarin
- 1 TL Zimt
- ½ TL Vanillepulver
- 1 Prise Meersalz
- 4 große frische Feigen
- 2 Birnen
- 2 EL Orangensaft
- 150 g getrocknete Feigen
- 90 g getrocknete Aprikosen

Die Mandeln und die Haselnüsse in einer Küchenmaschine zu einem feinen Mehl verarbeiten. In einer Schüssel mit dem Erdmandelmehl und den Chiasamen vermengen. Den Rosmarin waschen, trocknen, die Nadeln abstreifen und fein hacken. Rosmarin, Zimt, Vanillepulver und Meersalz in die Schüssel geben und mit dem Mehlgemisch vermengen.

Die frischen Feigen waschen, die Birnen vom Kerngehäuse befreien. Beides in Stücke schneiden und in den Mixer zu der Mehlmischung geben. Mit dem Orangensaft und 150 ml Wasser fein mixen. Die getrockneten Feigen und Aprikosen in kleine Stücke schneiden. Alle Zutaten miteinander vermengen und zu einem Teig kneten. Den Teig auf Dörrfolie geben, ausstreichen und in die gewünschte Form brechen oder schneiden. Im Dehydrator bei 42 Grad 12 Stunden oder am besten über Nacht trocknen. Anschließend die Dörrfolie vorsichtig ablösen und die Cracker fertig trocknen.

Geborgenheit.
Nussmilch und Smoothies

Vanille-Mandelmilch

Eine delikate und echte Alternative zu Kuhmilch bietet diese einfach zuzubereitende Mandelmilch. Sie ist reich an Kalzium und Magnesium, stärkt die Knochen, ist basisch und sehr bekömmlich. Sie kann überall dort eingesetzt werden, wo normalerweise Kuhmilch verwendet wird.

150 g Mandeln, eingeweicht
1 Prise Meersalz
1 Vanilleschote nach Belieben
1–3 EL Agavendicksaft, je nach Geschmack

Die Mandeln abgießen und mit Wasser kurz abspülen. Mit 700 ml Wasser und dem Meersalz in den Mixer geben und 30–60 Sekunden mixen. Die Mischung 5 Minuten stehen lassen, dann durch ein feines Passiersieb oder einen Nussbeutel filtern. Die gefilterte Mandelmilch zurück in den Mixer geben.

Die Vanilleschote längs aufschneiden, das Mark mit einem Teelöffel herausschaben und mit der Mandelmilch und dem Agavendicksaft in den Mixer geben und nochmals aufmixen.

Tipp
Diese Milch hält sich gut gekühlt wunderbar bis zu 3 Tage. Am besten in einer verschlossenen Glasflasche aufbewahren.

Aprikosen-Birnen-Hanfmilch

Eine feine Nussmilch, mild nach Birne schmeckend. Reich an pflanzlichen Proteinen und ein natürlicher Energiespender.

4 EL ungeschälte Hanfsamen
3 reife kleine Birnen
5 Datteln
2 EL Cashewkerne
4 getrocknete Aprikosen
1 TL Macapulver
½ TL Ingwerpulver
½ TL Vanillepulver
1 Prise Meersalz
Honig, Agavendicksaft oder Ahornsirup

Die Hanfsamen mit 1 l Wasser in den Mixer geben und fein mixen. Durch einen Nussbeutel filtern, dann zurück in den Mixer geben. Die Birnen entkernen und klein schneiden. Die Datteln entkernen und in Stücke schneiden. Birnenstücke, Cashewkerne, Datteln, Aprikosen sowie Maca-, Ingwer- und Vanillepulver zu der Hanfmilch geben und alles zu einer feinen Milch mixen.
Nach Belieben mit Honig, Agavendicksaft oder Ahornsirup süßen.

Erdmandel-Horchata

Horchata oder Orxata findet man auf Barcelonas Straßen in kleinen Läden, die exklusiv das beliebte und eisgekühlte Getränk anbieten.

250 g Erdmandeln
130 g Kokosblütenzucker
½ TL Vanillepulver
1 TL Zitronensaft
1 Prise Meersalz
etwas Zimt zum Bestreuen

Die Erdmandeln für 24–48 Stunden in Wasser einweichen. Das Wasser mehrmals erneuern, um die Erdmandeln von eventuellen Erdresten zu befreien. Dann abgießen und mit kaltem Wasser gründlich abspülen. Anschließend mit 1 l Wasser in den Mixer geben und fein mixen.

Die Erdmandelmilch durch einen Nussbeutel filtern oder durch ein feines Sieb passieren, dann zurück in den Mixer geben. Kokosblütenzucker, Vanillepulver, Zitronensaft und Meersalz hinzugeben und kurz aufmixen.

Die Erdmandelmilch in eine Glasflasche füllen und 2–3 Stunden gut kühlen. Die gekühlte Erdmandelmilch mit oder ohne Eiswürfel servieren und mit etwas Zimt bestreuen. Nach Belieben mit Kokosblütenzucker nachsüßen.

Tipp
Dieser Klassiker lässt sich gut variieren. Schmeckt auch hervorragend mit etwas rohem Kakaopulver, Kakaonibs oder Carob.

Gewürz-Horchata

270 g Erdmandeln
8 Datteln, entkernt
1 TL abgeriebene Schale einer unbehandelten Orange
1 Zimtstange
1 TL Vanillepulver
1 TL frisch geriebener Ingwer
1 Nelke
1 Prise gemahlene Anissamen
3 Kardamomkapseln
1 TL Lukuma
1 Prise Meersalz

Die Erdmandeln für 24–48 Stunden in Wasser einweichen. Das Wasser immer wieder erneuern, um die Erdmandeln von eventuellen Erdresten zu befreien. Dann abgießen und mit kaltem Wasser gründlich spülen, anschließend mit 1 l Wasser in den Mixer geben.

Die Datteln in feine Streifen schneiden und mit Orangenschale, Zimtstange, Vanillepulver, Ingwer, Nelke, Anis, Kardamom, Lukuma sowie dem Meersalz in den Mixer zu der Mandelmilch geben. Alle Zutaten etwa 1 Minute fein pürieren, dann 5 Minuten stehen lassen. Die Mandelmilch durch ein feines Spitzsieb oder einen Nussbeutel passieren. Bei Zimmertemperatur oder leicht erwärmt auf 42 Grad in vorgewärmten Tassen genießen.

Tipp
Die Horchata kann auch als schaumige Variante leicht erwärmt serviert werden. Dafür die gefilterte Erdmandelmilch in einen Hochleistungsmixer geben und auf höchster Stufe 2–3 Minuten pürieren. Die Milch erwärmt sich dann in wenigen Minuten. Anschließend die Milch in vorgewärmten Tassen servieren.

Erdbeer-Brombeer-Cashewmilch

Reife Erdbeeren, in der richtigen Jahreszeit gepflückt, geben diesem kühlenden Getränk viel Geschmack. Und durch den schwarzen Pfeffer bekommt es den speziellen Kick.

10 reife Erdbeeren
1 Handvoll frische Brombeeren
150 g Cashewkerne, eingeweicht
1 EL Zitronensaft
½ TL Vanillepulver
Agavendicksaft
1 Prise Meersalz
schwarzer Pfeffer aus der Mühle
Erdbeerscheibchen und
Minzeblättchen zum Garnieren

Die Erdbeeren vom Stielansatz befreien. Die Brombeeren verlesen. Die Cashewkerne abgießen und kurz abspülen. Erdbeeren, Brombeeren, Cashewkerne, 700 ml kaltes Wasser, Zitronensaft, Vanillepulver, 2 Esslöffel Agavendicksaft, Salz und etwas frisch gemahlenen Pfeffer in den Mixer geben und fein mixen. In vorgekühlte Gläser füllen. Nach Belieben mit Agavendicksaft nachsüßen. Mit Erdbeerscheibchen und bestreut mit Minzeblättchen servieren.

Ananas-Minz-Kokos-Batido

Vor vielen Jahren verbrachte ich lange Zeit in Mittelamerika. Besonders Xela hat einen besonderen Platz in meinem Herzen. Auf den bunten, chaotischen Märkten fand ich die besten, saftigsten Früchte der Welt. Der Geschmack der reifen, süßen Ananas bleibt mir besonders in Erinnerung, ebenso wie die köstlichen Batidos, die überall angeboten wurden.

½ Ananas
150 g Cashewkerne, eingeweicht
3 Stängel Minze
700 ml Kokoswasser
1 Orange, Saft
1 Limette, Saft
1 Prise Vanillepulver
1 Prise Meersalz
Agavendicksaft

Die Ananas schälen, vom harten Mittelstück befreien und in Stücke schneiden. Die Cashewkerne abgießen und kurz abspülen. Die Minze waschen, trocken schütteln und die Blättchen abzupfen. Ananas, Cashewkerne, Minzeblättchen, Kokoswasser, Orangen- und Limettensaft, Vanillepulver und das Meersalz in den Mixer geben und fein mixen. Nach Belieben mit Agavendicksaft süßen.

Mexikanische Schokolade

Diese herrliche Trinkschokolade ist inspiriert von einem warmen, köstlichen Getränk in Chiapas/Mexiko, das man in einer jener kalten Nächte in San Cristóbal de las Casas besonders schätzte. Scharfer Chili, vereint mit den warmen, erdigen Aromen von Zimt und Kakao.

300 g Haselnüsse, eingeweicht
8 Datteln
6 EL Rohkakao
1 EL Kakaonibs
1 TL Mezquitepulver
1 EL Kokosöl
½ TL Zimt, zusätzlich zum Bestreuen
1 Prise Cayennepfeffer
1 Prise Steinsalz

Die Haselnüsse abgießen, kurz mit kaltem Wasser abspülen, dann abtropfen lassen. Die Datteln entkernen und in Stücke schneiden. 1 l Wasser auf 42 Grad erwärmen. Die Haselnüsse, die Datteln und das erwärmte Wasser mit den anderen Zutaten in den Mixer geben und fein mixen. Die Schokoladenmilch in vorgewärmten Schalen mit etwas Zimt bestreut servieren.

Beeren-Acai-Chia-Pudding

Momente. **Süßes**

Linzer Torte

Hier eine ungebackene Version des beliebten Klassikers, geschmacklich hervorragend und dies ganz ohne Weizenmehl, ohne tierische Produkte und ohne Backen.

Für 4 Tartelettefőrmchen à 12 cm Durchmesser

Für den Kuchenboden

300 g Haselnüsse
170 g Datteln, frisch oder getrocknet
30 ml Kokosöl
½ TL Zimt
1 Prise Steinsalz
40 ml Orangensaft
1 TL abgeriebene Schale einer unbehandelten Orange
2 EL Kokosmehl
Kokosblütenzucker zum Bestreuen, nach Belieben

Für die Himbeer-Blaubeer-Marmelade

6 getrocknete Datteln, entkernt und eingeweicht
130 g Himbeeren
130 g Blaubeeren
1 Prise gemahlene Nelken
½ TL Zimt
1 TL Chiasamen
1 EL Kokosblütenzucker
1 EL Zitronensaft
1 EL Baobabpulver
1 Prise Salz

Für die Marmelade die Datteln abgießen und in Streifen schneiden. Die Himbeeren und die Blaubeeren verlesen. Die Datteln mit Himbeeren, Blaubeeren, Nelkenpulver, Zimt, Chiasamen, Kokosblütenzucker, Zitronensaft, Baobabpulver und Salz in den Mixer geben und fein mixen. 1 Stunde im Kühlschrank kühlen.

Für den Kuchenboden die Haselnüsse in eine Küchenmaschine geben und zu einem groben Mehl verarbeiten. Die Datteln entkernen und in feine Streifen schneiden. Die Datteln mit dem Kokosöl, dem Zimt und dem Salz in die Küchenmaschine zu dem Mehl geben und alles zu einem leicht klebrigen Teig verarbeiten.

Etwa 2 Tassen des Teiges in der Küchenmaschine belassen. Den restlichen Teig auf vier Tartelettefőrmchen verteilen, den Teig am Boden festdrücken, einen Rand hochziehen und die Tartelettes kühl stellen.

Zu dem Teig in der Schüssel bei laufender Küchenmaschine Orangensaft und -schale sowie das Kokosmehl geben und alles gut vermengen. Den Teig auf einem Blech ausbreiten und ausrollen. 2 Stunden im Kühlschrank kühlen. Nach der Kühlzeit den Teig in 15 mm breite Streifen schneiden.

Die Tartelettefőrmchen aus dem Kühlschrank nehmen und die Teigböden mit der Himbeer-Blaubeer-Marmelade bestreichen. Die Teigstreifen behutsam anheben und gitterförmig auf die Marmelade legen. Die Torte vor dem Servieren nach Belieben mit Kokosblütenzucker bestreuen.

Lavendel-Zitronencreme-Kuchen

Eine erfrischende Tarte, die an Sommer und die unendlichen Lavendelfelder Südfrankreichs erinnert. Das Aroma von Lavendel ist am intensivsten, wenn er unter heißer Sonne und am Strauch getrocknet wurde. Frische Zitrone, Lavendel und erdige Schokolade verbinden sich zu einem verführerischen Dessert.

Für 1 Tarteform von 28 cm Durchmesser

Für den Kuchenboden

270 g Mandeln
2 EL Rohkakao
1 EL Kakaonibs
160 g Datteln, entkernt
30 ml Kokosöl
½ TL Zimt
1 Prise Salz

Für den Belag

450 g Cashewkerne, eingeweicht
1 Vanilleschote
1 EL getrocknete Lavendelblüten
160 ml Agavendicksaft
200 ml Zitronensaft
1 unbehandelte Zitrone, abgeriebene Schale
1 Prise Meersalz
170 ml Kokosöl
Kakaonibs und frische Lavendelblüten zum Bestreuen

Für den Kuchenboden die Mandeln in einer Küchenmaschine zu einem groben Mehl verarbeiten. Kakaopulver, Kakaonibs, Datteln, Kokosöl, Zimt und das Salz zugeben und alles zu einem leicht klebrigen Teig verarbeiten. Den Teig in eine Tarteform krümeln und verteilen. Den Teig mit sanftem Druck in die Form drücken und einen Rand hochziehen. 30 Minuten kalt stellen.

In der Zwischenzeit den Kuchenbelag vorbereiten. Die Cashewkerne abgießen, kurz abspülen und in eine Küchenmaschine geben. Die Vanilleschote längs aufschneiden und das Mark herausschaben. Vanillemark, Lavendelblüten, Agavendicksaft, Zitronensaft und -schale sowie das Salz zu den Cashewkernen in die Küchenmaschine geben. Alle Zutaten auf höchster Stufe zu einer feinen Creme mixen. Bei laufender Maschine das Kokosöl zugeben und einarbeiten.

Die Tarteform aus dem Kühlschrank nehmen. Die Füllung auf den gekühlten Teigboden geben und mit einem Teigspatel gleichmäßig verteilen. Die Tarte im Kühlschrank mindestens 6 Stunden oder über Nacht kalt stellen. Vor dem Servieren mit Kakaonibs und frischen Lavendelblüten bestreuen.

Nordische rote Grütze mit Cashew-Tonka-Sahne

Rote Grütze, eine typische Spezialität Norddeutschlands und Skandinaviens, ist bei vielen eine Kindheitserinnerung. Säuerliche Früchte treffen auf eine süße Creme. Hier meine rohvegane Adaption des Klassikers.

Für die rote Grütze
4 Medjool-Datteln, entkernt und eingeweicht
1 cm frischer Ingwer
500 g rote Sommerfrüchte (eine beliebige Mischung aus Himbeeren, Erdbeeren, Blaubeeren, Kirschen und/oder Brombeeren)
½ Orange, Saft
1 TL Zimt
1 Prise Meersalz

Für die Cashew-Tonka-Sahne
150 g Cashewkerne, eingeweicht
70 ml Agavendicksaft
¼ Tonkabohne, gerieben
1 Prise Meersalz
etwas Zimt zum Bestreuen

Für die rote Grütze die Datteln abgießen, kurz abspülen und in Streifen schneiden. Den Ingwer schälen. Die Datteln mit dem Ingwer, den Sommerfrüchten, Orangensaft, Zimt, Ingwer und dem Meersalz in den Mixer geben und fein mixen.

Für die Cashew-Tonka-Sahne die Cashewkerne abgießen, kurz abspülen und mit dem Agavendicksaft, 80 ml Wasser, der geriebenen Tonkabohne und dem Meersalz in den Mixer geben und fein mixen.

Die rote Grütze in Gläser füllen. Die Cashew-Tonka-Sahne auf die Gläser verteilen. Mit Zimt bestreuen und servieren.

Avocado-Schokoladenmousse-Tarte

Für 1 Tarteform von 28 cm Durchmesser (mit Hebeboden) oder 4 Tarteletteförmchen à 12 cm Durchmesser

Für den Kuchenboden
270 g Mandeln
140 g Datteln
50 g getrocknete Aprikosen
1 EL Kakaonibs
1 TL Zimt
1 TL abgeriebene Schale einer unbehandelten Orange
30 ml Kokosöl
1 Prise Meersalz

Für die Mousse
3–4 reife Avocados
2 Vanilleschoten
5 Datteln, entkernt und eingeweicht
120 ml Rohhonig
20 g Rohkakao
10 g Carobpulver
1 EL Kakaonibs
¼ TL gemahlener Kardamom
1 EL Kokosöl
1 Prise Meersalz

Für den Kuchenboden die Mandeln in eine Küchenmaschine geben und zu einem groben Mehl verarbeiten. Die Datteln entkernen und in Streifen schneiden. Die Aprikosen in Streifen schneiden. Datteln, Aprikosen, Kakaonibs, Zimt, Orangenschale, Kokosöl und das Salz in die Küchenmaschine zu dem Mandelmehl geben und alles zu einem Teig verarbeiten, der leicht klebrig, jedoch noch körnig ist. Den Mandelteig lose in einer Tarteform oder auf kleine Tarteförmchen verteilen.

Den Rand gleichmäßig hochdrücken. Anschließend mit der flachen Hand den Teig auf dem Boden gleichmäßig festdrücken. Die Form oder die Förmchen für 1 Stunde in den Kühlschrank stellen.

Für die Avocado-Schokoladenmousse die Avocados längs aufschneiden, entkernen und das Fruchtfleisch aus der Schale lösen. Die Vanilleschoten längs aufschneiden und mit einem Teelöffel das Mark herausschaben. Die Datteln abgießen und in feine Streifen schneiden. Das Avocadofleisch, das Vanillemark, die Datteln und den Honig in eine Küchenmaschine geben und zu einer Creme mixen. Kakao- und Carobpulver, Kakaonibs, Kardamom, Kokosöl sowie das Salz hinzugeben und alles zu einer feinen Creme verarbeiten.

Die Tarteform beziehungsweise -förmchen aus dem Kühlschrank nehmen. Die Avocado-Schokoladenmousse gleichmäßig mit einem Teigspatel oder Löffel auf dem Tarteboden verteilen. Mindestens 1 Stunde kühlen. Dann aus der Form nehmen und servieren.

Kokos-Limetten-Mangocreme-Kuchen

Beeren-Acai-Chia-Pudding

Dieser Pudding ist ein wahres Energiepaket. Chiasamen sind reich an Omega-Fettsäuren, machen satt und belasten nicht. Rote Früchte und brasilianischer Acai versorgen unseren Körper mit Vitaminen und Antioxidantien.

120 g Himbeeren
120 g Brombeeren
600 ml Hanfmilch
2 TL Acaipulver
2 TL Vanillepulver
1 TL Zimt
3-4 EL Rohhonig
2 EL Kokosraspeln
1 Prise Meersalz
120 g Chiasamen
Beeren, Beerenblättchen und 1 EL geschälte Hanfsamen zum Bestreuen

Die Himbeeren und Brombeeren verlesen. Hanfmilch, Himbeeren und Brombeeren, Acai- und Vanillepulver, Zimt, Honig, Kokosraspeln und das Salz in den Mixer geben und zu einer feinen Fruchtmilch mixen. Die Fruchtmilch mit den Chiasamen in einer Schüssel vermengen und mit einem Schneebesen einige Minuten kräftig rühren.

Den Chiapudding mindestens 1 Stunde oder am besten über Nacht kühl stellen. Nach Belieben nachsüßen. Auf Schälchen verteilen und mit einzelnen Beeren, Beerenblättchen und Hanfsamen bestreut servieren.

Kokos-Limetten-Mangocreme-Kuchen

Für 1 Springform von 28 cm Durchmesser

Für den Kuchenboden

100 g Kokosraspel
240 g Paranüsse
150 g Datteln
1 TL Vanillepulver
1 Prise Meersalz

Für die Creme

440 g Cashewkerne, eingeweicht
1 Vanilleschote
1 reife große Mango
200 ml Limettensaft
1 unbehandelte Limette, abgeriebene Schale
160 ml Agavendicksaft
170 ml Kokosöl
3 EL Rapslecithin
Kokosraspel und Agavendicksaft zum Anrichten

Für den Kuchenboden die Kokosraspel in eine Küchenmaschine geben und zu einem feinen Kokosmehl verarbeiten. Die Paranüsse zugeben und zu einem groben Mehl verarbeiten. Die Datteln entkernen und in Streifen schneiden und mit dem Vanillepulver und dem Meersalz zu der Mehlmischung geben. Alles zu einem leicht klebrigen Teig verarbeiten. Den Teig in die Springform krümeln und mit der flachen Hand gleichmäßig in die Form drücken. 20 Minuten kühl stellen.

Für die Creme die Cashewkerne abgießen und kurz unter kaltem Wasser waschen. Die Vanilleschote längs aufschneiden und das Mark mit einem Teelöffel herausschaben. Die Mango längs aufschneiden, vom Kern befreien und das Fruchtfleisch herauslösen. Das Mangofruchtfleisch mit den Cashewkernen, Vanillemark, Limettensaft und -schale sowie dem Agavendicksaft in den Mixer geben und fein mixen. Bei laufender Maschine zuerst das Kokosöl, dann das Rapslecithin hinzugeben.

Die Springform aus dem Kühlschrank nehmen. Die Creme in die Springform gießen und auf dem Teigboden verstreichen. Mindestens 6 Stunden in den Kühlschrank stellen. Mit Kokosraspeln bestreut und mit Agavendicksaft beträufelt servieren.

Feigen-Orangenmascarpone-Tartelettes

Frisch gepflückte Feigen aus dem heimischen Garten fanden sofort Verwendung in diesen köstlichen Mini-Fruchttartes. Die Feigen lassen sich herrlich mit anderen Früchten kombinieren. Versuchen Sie es im Sommer mit frischen Erdbeeren, Himbeeren, Pflaumen und Pfirsichscheiben, im Winter mit hauchdünn gehobelten Apfel- und Birnenscheiben.

Für 1 Tarteform von 28 cm Durchmesser (mit Hebeboden) oder 4 Tarteletteförmchen à 12 cm Durchmesser

Für den Tarteboden
120 g Walnusskerne
130 g Mandeln
160 g Datteln
1 Vanilleschote
3 EL Kokosöl
1 Prise Meersalz

Für den Orangenmascarpone
280 g Cashewkerne, eingeweicht
60 ml Orangensaft
1 TL abgeriebene Schale einer unbehandelten Orange
1 EL Zitronensaft
½ TL Zimt
4 EL Agavendicksaft
1 EL Shiro Miso

6 große Feigen

Für den Tarteboden die Walnüsse und die Mandeln in eine Küchenmaschine geben und zu einem groben Mehl verarbeiten. Die Datteln entkernen und in Streifen schneiden. Die Vanilleschote längs aufschneiden und mit einem Teelöffel das Mark herausschaben. Die Datteln, das Vanillemark, das Kokosöl und das Meersalz zu der Mehlmischung in die Küchenmaschine geben und alles zu einem leicht klebrigen Teig verarbeiten.

Den Teig in die Tarteform oder die Tartelettefömchen krümeln und mit der flachen Hand gleichmäßig in die Form drücken, einen Rand hochziehen. Die Form 30 Minuten in den Kühlschrank stellen.

Für den Orangenmascarpone die Cashewkerne abgießen, kurz abspülen und mit 100 ml Wasser, Orangensaft und -schale, Zitronensaft, Zimt, Agavendicksaft und dem Shiro Miso in den Mixer geben und alles zu einer feinen Creme mixen.

Die Feigen waschen, trocknen und je nach Größe vierteln oder achteln. Die Tarteform beziehungsweise Tartelettefömchen aus dem Kühlschrank nehmen. Den Orangenmascarpone auf den Teigboden geben und mit einem Teigspatel gleichmäßig verteilen. Mit den Feigenspalten belegen und servieren.

Panellets

Ende Oktober sieht man in allen Schaufenstern Barcelonas die beliebten Panellets, die es nur zu dieser Zeit gibt. Es sind kleine Trüffel, meist aus Mandeln gemacht. Sie werden normalerweise am letzten Tag des Oktobers im Kreise von Familie und Freunden mit einem süßen Wein gereicht. Hier eine sehr feine und gesunde Version.

Schokoladen-Orange-Zimt-Trüffel

Für 16–18 Trüffel

240 g Mandeln
3 EL Rohkakao
1 EL Kakaonibs
1 TL Zimt
½ TL Vanillepulver
2 EL Orangensaft
1 kleine unbehandelte Orange, abgeriebene Schale
12 Datteln Neglet Nour, entkernt
1 EL Agavendicksaft
1 EL Kokosöl
1 Prise Meersalz
1 EL Rohkakao und ½ TL Zimt zum Wälzen der Trüffel

Die Mandeln in einer Küchenmaschine zu einem groben Mehl verarbeiten. Kakaopulver, Kakaonibs, Zimt und Vanillepulver zugeben und kurz untermengen. Dann Orangensaft und -schale, Datteln, Agavendicksaft, Kokosöl und das Meersalz hinzugeben und alles zu einem leicht klebrigen Teig verarbeiten.

Mit einem Esslöffel vom Teig Nocken abnehmen und daraus mit leicht angefeuchteten Händen Trüffel formen. Zum Wälzen der Trüffel das Kakaopulver und den Zimt in einer kleinen Schüssel vermengen und jeden Trüffel einzeln darin wälzen.

Zitronen-Kokos-Vanille-Trüffel

Für 16–18 Trüffel

220 g Cashewkerne
50 g Kokosraspel
1 Vanilleschote
2 EL Zitronensaft
1 TL abgeriebene Schale einer unbehandelten Zitrone
2 EL Agavendicksaft
1 EL Kokosöl
1 Prise Meersalz
2 EL Kokosraspel zum Wälzen der Trüffel

Die Cashewkerne in eine Küchenmaschine geben und zu einem groben Mehl verarbeiten. Die Kokosraspel zum Cashewmehl hinzugeben und zu einem feinen Mehl verarbeiten. Die Vanilleschote längs aufschneiden und mit einem Teelöffel das Mark herausschaben. Das Vanillemark mit Zitronensaft und -schale, Agavendicksaft, Kokosöl und dem Meersalz in die Küchenmaschine zu der Mehlmischung geben und alles zu einem leicht klebrigen Teig verarbeiten.

Mit einem Esslöffel vom Teig Nocken abnehmen und daraus mit leicht angefeuchteten Händen Trüffel formen. Die Trüffel einzeln in den Kokosraspeln wälzen und 30 Minuten in den Kühlschrank stellen.

Tipp
Die Trüffel an kälteren Tagen mit einem heißen Ingwertee servieren.

Blaubeer-Käsekuchen-Tarte

Für 1 Tarteform von 28 cm Durchmesser (mit Hebeboden)

Für den Kuchenboden

270 g Paranüsse
50 g getrocknete Aprikosen
130 g Rosinen
1 TL Vanillepulver
1 Prise Meersalz

Für den Kuchenbelag

430 g Cashewkerne, eingeweicht
2 Vanilleschoten
200 ml Limettensaft
180 ml Agavendicksaft
1 Prise Meersalz
160 ml Kokosöl
250 g frische Blaubeeren

Für den Kuchenboden die Paranüsse in eine Küchenmaschine geben und zu einem groben Mehl verarbeiten. Die Aprikosen in Streifen schneiden und mit den Rosinen, dem Vanillepulver und dem Meersalz ebenfalls in die Küchenmaschine geben und alles zu einem leicht klebrigen Teig verarbeiten. Den Teig in die Tarteform krümeln. Einen Rand hochziehen und die Krümel mit der flachen Hand in die Form drücken. Die Tarteform 30 Minuten in den Kühlschrank stellen.

Für den Belag die Cashewkerne abgießen. Die Vanilleschoten längs aufschneiden und mit einem Teelöffel das Mark herausschaben. Die Cashewkerne mit Vanillemark, Limettensaft, Agavendicksaft und Meersalz in den Mixer geben und zu einer feinen Creme mixen. Das Kokosöl bei laufendem Mixer zugeben.

Die Tarteform aus dem Kühlschrank nehmen. Die Creme in die Tarteform geben und mit einem Teigspatel gleichmäßig auf dem Tarteboden verteilen. Mindestens 6 Stunden oder über Nacht im Kühlschrank kühlen. Die Tarte aus der Form nehmen, mit Blaubeeren belegen und servieren.

Aprikosen-Walnuss-Brownies mit Carob-Karamell-Sauce

Für die Brownies
4 getrocknete Aprikosen
6 Medjool-Datteln
1 Vanilleschote
300 g Walnusskerne
5 EL Rohkakao
1 Prise Kardamompulver
1 TL abgeriebene Schale einer unbehandelten Orange
1 EL Kokosöl
1 Prise Meersalz
1 EL Kakaonibs
3 EL Orangensaft

Für die Carob-Karamell-Sauce
30 g Carobpulver
20 ml Kokosöl
100 ml Agavendicksaft
½ TL Zimt
1 Prise Meersalz

Die Aprikosen fein hacken. Die Datteln entkernen und in Streifen schneiden. Die Vanilleschote längs aufschneiden und mit einem Teelöffel das Mark herausschaben. 3 Esslöffel Walnusskerne grob hacken. Die restlichen Walnusskerne mit dem Kakaopulver in eine Küchenmaschine geben und zu einem groben Mehl verarbeiten. Aprikosen, Datteln, Vanillemark, Kardamom, Orangenschale, Kokosöl und das Meersalz hinzugeben und alles zu einem feinkörnigen Mehl verarbeiten. In eine große Schüssel geben und die gehackten Walnüsse und die Kakaonibs unterheben.

Die Mischung in eine kleine, flache Auflaufform von 18 x 18 cm geben und locker verteilen. Mit der flachen Hand in die Form drücken und mit dem Orangensaft beträufeln. Die Form mindestens 1 Stunde in den Kühlschrank stellen.

Für die Carob-Karamell-Sauce Carobpulver, Kokosöl, Agavendicksaft, Zimt und das Meersalz in den Mixer geben und zu einer gleichmäßigen Sauce mixen.

Die Teigplatte aus dem Kühlschrank nehmen und in quadratische oder rechteckige Stücke schneiden. Mit der Carob-Karamell-Sauce servieren.

Kirsch-Mohn-Käsekuchen

Für eine Springform von 28 cm Durchmesser

Für den Kuchenboden

250 g Paranüsse
160 g Datteln
3 EL Rohkakao
1 EL Kakaonibs
½ TL Zimt
1 Prise Steinsalz

Für den Belag

400 g Süßkirschen
450 g Cashewkerne, eingeweicht
2 Vanilleschoten
500 ml Mandelmilch
180 ml Agavendicksaft
4 EL Zitronensaft
1 TL abgeriebene Schale einer unbehandelten Zitrone
1 Prise Steinsalz
160 ml Kokosöl
2 EL flüssige Kokosbutter
2 EL Blaumohn

Für den Kuchenboden die Paranüsse in eine Küchenmaschine geben und zu einem groben Mehl verarbeiten. Die Datteln entkernen, in Streifen schneiden und mit dem Kakaopulver, den Kakaonibs, dem Zimt und dem Steinsalz in die Küchenmaschine zu dem Mehl geben und alles zu einem leicht klebrigen Teig verarbeiten. Den Teig in die Springform krümeln und mit der flachen Hand in die Form drücken, dabei einen Rand hochziehen.

Für den Belag die Kirschen entsteinen und 10 Minuten in einem feinen Sieb abtropfen lassen. Die Cashewkerne abgießen. Die Vanilleschoten längs aufschneiden und mit einem Teelöffel das Mark herausschaben. Die Cashewkerne und das Vanillemark mit Mandelmilch, Agavendicksaft, Zitronensaft und -schale sowie Steinsalz in den Mixer geben und auf höchster Stufe zu einer Creme verarbeiten. Während die Maschine läuft, das Kokosöl und die flüssige Kokosbutter hinzugeben und alles zu einer feinen Creme verarbeiten. Anschließend den Blaumohn in die Creme einrühren.

Die abgetropften Kirschen auf dem Kuchenboden verteilen. Mit der Cashewcreme übergießen und diese vorsichtig in der Springform verteilen. Den Kuchen mindestens 6 Stunden oder über Nacht im Kühlschrank kühl stellen.

Bananen-Stracciatella-Cashew-Eiscreme mit Turrón de Chocolate

Oft hat man zu Hause Bananen, die tagelang unbeachtet in der Obstschale liegen und vor sich hinreifen oder findet überreife Bananen zu günstigen Preisen auf dem Markt. Genau diese Bananen sind die beste Voraussetzung für feines Bananeneis, das kostengünstig und in wenigen Minuten zubereitet ist. Ob pur oder mit Turrón, stets ein Genuss. Die spanische Spezialität Turrón wird aus Mandeln zubereitet; man findet ihn meist um die Weihnachtszeit, er ersetzt das Weihnachtsgebäck.

Für den Turrón

1 mittelgroßer Apfel
180 g Mandeln
80 g Walnusskerne
8 Datteln, entkernt
4 getrocknete Aprikosen
2 EL Rosinen
½ TL frisch geriebener Ingwer
2 EL Honig
3 EL Carobpulver
1 EL Kakaonibs
1 mittelgroße Orange, Saft
1 TL abgeriebene Schale einer unbehandelten Orange
1 TL Zimt
1 TL Vanillepulver
½ TL Kardamompulver
1 Prise Meersalz
16 ganze Mandeln

Für die Bananen-Stracciatella-Cashew-Eiscreme

5 reife Bananen, geschält und gefroren
8 Datteln, entkernt und eingeweicht
50 g Cashewkerne
1 TL Zimt
1 Prise Meersalz
2 EL Kakaonibs

Für den Turrón den Apfel entkernen und in kleine Stücke schneiden. Die Mandeln in einer Küchenmaschine grob mahlen. Die Walnüsse zu den Mandeln geben und grob verarbeiten. Die Datteln und die Aprikosen in Streifen schneiden. Die Apfelstücke mit den Datteln, Aprikosen, Rosinen, Ingwer, Honig, Carobpulver, Kakaonibs, Orangensaft und -schale, Zimt, Vanillepulver, Kardamom und dem Salz in die Küchenmaschine zu dem Mehlgemisch geben und alles zu einem Teig verarbeiten. Den Teig in eine Schüssel krümeln und die ganzen Mandeln unterheben.

Den Teig in eine mit Pergamentpapier ausgelegte Kastenform krümeln. Mit der flachen Hand gleichmäßig und fest in die Form drücken. Bei 42 Grad im Dehydrator mindestens 12 Stunden oder am besten über Nacht trocknen. Am nächsten Tag den Turrón vorsichtig aus der Form lösen und auf einem Schneide-brett in 1 cm dicke Scheiben schneiden. Die Scheiben auf ein Dörrgitter legen und im Dehydrator weitere 8 Stunden trocknen lassen. Auf Wunsch länger dehydrieren, bis die gewünschte Konsistenz erreicht ist.

Für das Bananeneis die gefrorenen Bananen in grobe Stücke schneiden. Die eingeweichten Datteln abgießen. Die Bananen mit den Datteln, 160 ml Wasser, den Cashewkernen, dem Zimt und dem Salz in den Mixer geben und auf höchster Stufe zu einer feinen Creme mixen. Die Kakaonibs grob hacken und unter die Eiscreme mischen. Anschließend das Eis in einen Pâtisserie-Spritzbeutel geben.

Den Turrón in eisgekühlte Dessertgläser krümeln und die Bananen-Stracciatella Cashew-Eiscreme dekorativ auf den Turrón spritzen.

Die Produkte der rohveganen Küche

Obst und Gemüse

Apfel

Der heimatliche Apfel ist ein besonderer kulinarischer Genuss in vielen Gerichten, vor allem in Desserts, Salaten und Smoothies. Die Geschmacksvielfalt der einzelnen Sorten ist riesig und reicht von süß bis säuerlich. Ursprünglich stammte diese beliebte Frucht aus dem Gebiet zwischen dem Schwarzen Meer und der Kaspischen See. Die Schale des Apfels ist reich an Pektin, sein Fruchtfleisch enthält eine Vielzahl an Mineralstoffen und Spurenelementen. Äpfel harmonieren besonders mit Gewürzen wie Zimt, Vanille und Ingwer.

Avocado

Bereits die Azteken kultivierten diese außergewöhnliche Frucht. Avocados wachsen auf bis zu 30 Meter hohen Bäumen, sie stammen ursprünglich aus Mittelamerika. Heute findet man diese Frucht, auch Butterfrucht genannt, in weiten Teilen der Welt. Ihr sanfter, leicht nussiger Geschmack harmoniert mit vielen verschiedenen Zutaten, was sie vielfältig einsetzbar macht. Ihr zartschmelzendes, grün-gelbliches Fruchtfleisch erzeugt besonders gute Texturen in Suppen, Saucen und sogar in Kuchen. Avocados sind wegen ihres hohen Anteils an ungesättigten Fettsäuren und Vitamin E sehr gesund.

Artischocke

Die Artischocke ist eine der bekanntesten essbaren Blüten des Westens, sie wird vorwiegend im Mittelmeerraum angebaut. Ihr Name ist eine italienische Ableitung aus dem arabischen Wort al'harsuf, »kleine Distel«, denn sie erinnert in gewisser Weise vom Aussehen her an Disteln. Die Artischocke ist reich an Ballaststoffen, Vitaminen und Mineralstoffen, der enthaltene Bitterstoff Cynarin regt den Stoffwechsel von Leber und Galle an. Sie wirkt antioxidativ und senkt den Cholesterinspiegel.

Aprikose

Frische, aromatische Aprikosen sind beliebte Sommerfrüchte. Vollreif gepflückt, haben sie ein ausgezeichnetes Aroma, ihr Fruchtfleisch ist besonders geschmackvoll, und sie verfügt über zahlreiche Inhaltsstoffe wie Kalzium, Eisen, Phosphor und vor allem Karotin. Ursprünglich aus China stammend, wächst sie heute vorwiegend in den warmen Ländern Europas.

Banane

Bananen gehören zu den ältesten Kulturpflanzen der Erde. Sie wachsen vorwiegend in tropischem Klima. Aufgrund ihres hohen Fruchtzuckergehalts schmecken sie angenehm süß und sind daher für Desserts bestens geeignet. Sie enthalten Magnesium, Eisen, Mangan, Kupfer und zahlreiche Ballaststoffe.

Blaubeere (Heidelbeere)

Blaubeeren findet man an Sträuchern wild wachsend in Wäldern und Heidegebiet. Die bläulich-schwarzen Beeren sind reich an Kalium, Eisen und Kalzium und enthalten einen außergewöhnlich hohen Anteil an Antioxidantien. Der Verzehr von Blaubeeren wirkt sich positiv auf das HDL, das sogenannte »gute Cholesterin«, aus. Aufgrund ihres hohen Gerbstoffgehalts und der Pektine werden sie gerne bei Magen-Darm-Beschwerden eingesetzt.

Blumenkohl

Der Blumenkohl stammt ursprünglich aus Kleinasien und wird seit dem 16. Jahrhundert in Europa angebaut. Er ist reich an Vitamin C, Mineralien, sekundären Pflanzenstoffen und Ballaststoffen. Er schützt vor Bluthochdruck und fördert als Abendkost die nächtliche Regeneration von Gehirn- und Körperzellen.

Bete

Dieses beliebte Wurzelgemüse stammt ursprünglich aus den Küstenregionen Nordafrikas. Es versorgt den Körper mit wichtigen Inhaltsstoffen. Bete ist reich an Flavonoiden und gilt als potenter Schutz vor Krebskrankheiten. Sie enthält reichlich Vitamine, Kalium und Karotin. In der Rohkostküche ist sie besonders beliebt in Pastagerichten, Suppen und Salaten und dient als maßgeblicher natürlicher Farbstoff in Desserts.

Carob

Bereits im alten Ägypten wurde Johannisbrot oder Carob zum Süßen von Speisen und als natürliches Verdauungsmittel genutzt. Das Johannisbrot feiert derzeit ein Revival in der modernen Pâtisserie. Carob wird wegen seines milden, karamellartigen, leicht an Schokolade erinnernden Geschmacks geschätzt. Das aus den Schalen der langen Schoten des Johannisbrotbaums gewonnene Mehl schmeckt aromatisch süß und ist reich an Eisen, Magnesium und Kalzium.

Feige

Feigen gelten als die ältesten Heilfrüchte der Welt und wurden bereits lange vor Christus in Afrika, Asien und Europa verwendet. Heute findet man Feigenbäume fast überall in der Mittelmeerregion. Feigen enthalten wichtige Heilkräfte – sie wirken zum Beispiel antibakteriell – und sind reich an verdauungsfördernden Enzymen und Ballaststoffen. Sie sind wahre Energiespender und verbessern die Konzentrationsfähigkeit.

Fenchel
Fenchelgemüse hat einen charakteristischen würzigen, anisähnlichen Duft. Der Fenchel gehört zu den ältesten Kulturpflanzen der Welt, er kommt ursprünglich aus der Mittelmeerregion und wächst heute weltweit. Man findet ihn in der Küche vor allem als Gemüseknolle, aber auch als Gewürz. Er wirkt verdauungsfördernd, krampflösend und regt die Leber- und Nierentätigkeit an.

Granatapfel
Aufgrund seines hohen Gehalts an Nährstoffen gehört der Granatapfel zu den ältesten Heilfrüchten der Menschheit. Die Liste seiner besonderen Wirkungen ist lang, sie reicht von der Senkung des Cholesterinspiegels bis zur Stärkung der Knochen und damit Schutz vor Osteoporose. Kulinarisch und optisch bietet der Granatapfel wegen der Attraktivität seiner im Inneren verborgenen Kerne einen wahren Hochgenuss und macht jedes Gericht zu einem Augenschmaus.

Gurke
Die Gurke ist eine erfrischende, nicht süße Frucht. Ursprünglich aus Afrika und Indien stammend, waren es die Ägypter, die sie ausgiebig kultivierten und neben Melonen in das griechische und römische Reich exportierten. Die Gurke ist Hauptbestandteil vieler köstlicher Gazpachos, Dressings und Salate. Sie versorgt den Körper mit Mineralstoffen wie Kalzium, Magnesium, Eisen, Zink, Kalium und Phosphor, ist reich an Vitamin C und zeichnet sich außerdem durch antioxidative und blutreinigende Eigenschaften aus.

Himbeeren
Himbeeren wachsen im Sommer an heimischen Waldrändern und auf Lichtungen oder ganz einfach am Strauch im Garten. Sie schmecken leicht säuerlich-süß und eignen sich besonders für Desserts und Dessertsaucen. Seit dem Altertum gilt die Himbeere als Heilpflanze. Himbeeren sind reich an Antioxidantien, Vitamin B und C sowie sekundären Pflanzenstoffen.

Ingwer
Der Wunderpflanze Ingwer verdanken viele Gerichte ihren unverwechselbaren Geschmack. Die Wurzel schenkt Frische und eine angenehme, wärmende Schärfe. Ingwer wächst in weiten Teilen der Welt mit tropischem Klima. Der Ingwersaft hat unzählige Vitalwirkstoffe, er stimuliert die Bauchspeicheldrüse und erhöht die Produktion von Verdauungsenzymen. Er fördert die Durchblutung, senkt den Cholesterinspiegel und wirkt Herzerkrankungen entgegen.

Kakao
Rohes Kakaopulver wird aus Kakaobohnen gewonnen. Bereits die Azteken verwendeten Kakaobohnen, mit Chili vermengt, für Getränke. Ob gebrochene Kakaobohnen oder fein gemahlen, Kakao verfeinert Süßspeisen und verträgt sich sehr gut mit Vanille, Zimt und Chili. Er ist reich an sekundären Pflanzenstoffen, an Antioxidantien und Mineralien, hilft den Blutdruck zu senken und wirkt nervenberuhigend.

Kaki
Die Kakifrüchte (auch Persimone genannt) sind die leuchtenden Helden des Spätherbstes, schon von Weitem sieht man sie orangefarben an den blattlosen, großen Bäumen leuchten. Ursprünglich aus Asien stammend, wachsen sie heute in wärmeren, südlichen Gefilden wild auf Feldern und Wiesen. Reife Kakis haben eine sehr feine dünne Schale. Ihr Fleisch ist gelatineartig und schmeckt angenehm süß.

Karotte

Die Karotte ist ein Wurzelgemüse und kommt ursprünglich aus dem Iran. Ähnlich wie bei der Petersilie wurde früher nur das grüne Kraut verwendet. Bis heute werden einige ihrer Verwandten noch so angebaut wie Petersilie, Fenchel, Dill und Kümmel. Dieses beliebte Wurzelgemüse hat einen hohen Gehalt an Karotin, das ihm seine charakteristische tiefgelbe bis orange Farbe verleiht.

Kohlrabi

Der Geschmack der jungen, zarten Kohlrabiknolle ist etwas süßlich, manchmal fast nussig, jedoch wenig kohlartig. Das Farbspektrum des Kohlrabis reicht von kräftigem Violettblau bis Hellgrün. Seine Zartheit macht ihn in der Rohkostküche zu einem idealen Gemüse, zum Beispiel für feine Pastagerichte. Ursprünglich stammt er aus Nordeuropa, wird jedoch auch als typisch deutsches Gemüse gehandelt. Er liefert reichlich Magnesium und Kalzium, außerdem nervenstärkende B-Vitamine und Folsäure. Wie alle Kohlsorten ist er reich an Vitamin C.

Kirsche

Die leicht süß-säuerlich schmeckende Kirsche ist eine besonders aromatische Sommerfrucht. Die Römer brachten dieses köstliche Steinobst von den kleinasiatischen Küstenregionen am Schwarzen Meer über Italien und Griechenland nach Mitteleuropa. Kirschen sind reich an Vitaminen und Mineralien und wirken Herz- und Kreislauferkrankungen entgegen.

Knoblauch

Der zur Familie der Zwiebeln gehörende Knoblauch hat seinen Ursprung in Westasien und wird seit mehr als 7000 Jahren kultiviert. Sein unverwechselbarer Geschmack und sein intensives Aroma sind in fast allen mediterranen Gerichten zu finden, auch ist er aus der internationalen Küche nicht wegzudenken. Wegen seiner natürlichen antibiotischen und blutreinigenden Kräfte ist er als Heilmittel besonders wertvoll.

Limette

Die duftende Limette ist mit der Zitrone verwandt und zeichnet sich durch ein herb-frisches Aroma aus. Ihr Saft wie auch ihre feine, grüne Schale sind in der Küche vielseitig einsetzbar. Wie alle Zitrusfrüchte sind Limetten reich an Vitamin C und stärken daher das Immunsystem.

Oliven

Oliven sind die Früchte des Olivenbaums. Ihr herber, intensiver Geschmack und ihr festes Fruchtfleisch sorgen in vielen Gerichten für angenehme Kontraste. Ihre besondere Bedeutung für eine gesunde Ernährung war bereits in der Antike bekannt. Sie sind reich an Vitaminen, Mineralstoffen, Spurenelementen, natürlichen Antioxidantien und ungesättigten Fettsäuren. Der Verzehr von Oliven hilft den Cholesterinspiegel zu senken und schützt vor Herzkrankheiten. Oliven eignen sich hervorragend für Pasten, Salate und als Topping für Suppen und Pastagerichte.

Orange

Die Orange oder Apfelsine gehört zu den verbreitetsten Früchten weltweit. Ihr oranges bis tiefrotes Fruchtfleisch schmeckt süß-säuerlich, fruchtig, aromatisch. Sie ist eine typische Winterfrucht, wärmt und stärkt den Organismus und kurbelt den Stoffwechsel an. Besonders hervorstechend ist ihr hoher Vitamin-C-Gehalt, der wiederum die Eisenaufnahme aus der Nahrung erhöht. Unentbehrlich in Saucen, Salaten oder als natürliches Aroma in Desserts.

Pak Choi

Dieser attraktive Kohl mit seinen wunderschön geschwungenen Blättern stammt ursprünglich aus China und wird häufig in der asiatischen Küche verwendet. Wie alle Kohlsorten ist er reich an Eiweiß und Antioxidantien. Pak Choi ist sehr mild im Geschmack und hat einen hohen Gehalt an Beta-Carotin, Vitamin A sowie Kalium und Eisen. Außerdem wirkt er blutdruckregulierend und vorbeugend gegen Krebs.

Papaya

Papayas sind Baumfrüchte, die nur in tropischen Regionen wachsen und bis zu vier Kilogramm schwer werden können. Sie schmecken leicht melonenartig, ihr Fruchtfleisch ist gelb bis hellorange. Indios in Südamerika nennen sie »die Frucht für langes Leben«. Neben Vitaminen und Mineralien ist sie besonders reich an Enzymen, besitzt wertvolle Antioxidantien und krebsvorbeugende Inhaltsstoffe.

Paprika

Die verschiedenen Paprikasorten, von süßlich bis scharf schmeckend, stammen aus Mittel- und Südamerika. Im 16. Jahrhundert kamen sie nach Europa. Es gibt mehr als 30 Paprikagattungen und -arten, darunter fallen Chili und Peperoni. Die gebräuchlichste Form in der Rohkostküche ist die Gemüsepaprika.

Pastinake

Die cremeweiße Pastinake ist ein schmackhaftes Wintergemüse. Sie ist reich an B- und C-Vitaminen sowie an Eisen und Magnesium. Die Pastinake galt einst in Mitteleuropa bis spät ins 18. Jahrhundert als Grundnahrungsmittel, dann geriet sie ein wenig in Vergessenheit. Gerade wird dieses klassische Wurzelgemüse wiederentdeckt, und man findet es überall auf den Märkten und in den heimischen Küchen.

Pfirsich

Der rundliche, seidige Pfirsich ist eine saftig-süße und sehr aromatische Frucht. Er gehört zu den Steinfrüchten und stammt ursprünglich aus Asien. Mitte Juni bis September findet man ihn in den Farben Gelb bis Rot in großer Auswahl auf dem Markt. Pfirsiche sind reich an Vitaminen und an Mineralien wie Kalzium, Phosphor und Eisen.

Radieschen

Radieschen sind essbare Wurzeln. Aus dem westlichen Asien stammend, wurden sie zur Zeit des antiken Roms in der Mittelmeerregion kultiviert. Angesichts der Vielzahl von Unterarten können Radieschen das ganze Jahr über auf dem Markt gefunden werden. Fein gehobelt, geben sie jedem Gericht eine knackige, saftige Textur sowie einen erfrischenden, würzigen Geschmack. Sie sind reich an Antioxidantien und an A- und B-Vitaminen, außerdem an Kalium, Kalzium, Magnesium und Kupfer.

Spargel

Der ursprünglich aus dem alten Ägypten stammende grüne Spargel ist heute überall im Mittelmeerraum wild wachsend zu finden. Die Römer führten ihn in Europa ein und schätzten ihn für medizinische Zwecke. Bis ins 19. Jahrhundert verwendete man nur grünen Spargel, er galt als Lieblingsgemüse der Bourgeoisie. Erst später kam der weiße Spargel auf, der durch Entzug von Sonnenlicht seine vornehme Blässe erhält. Der grüne Spargel ist besonders reich an Vitamin C und körperreinigendem Chlorophyll.

Spinat

Spinat ist ein allseits beliebtes Blattgemüse. Zuerst wurde er in Persien kultiviert und gelangte im 9. Jahrhundert mit den Arabern über Spanien nach Europa. Er zeichnet sich durch einen hohen Gehalt an Mineralien wie Eisen, Kalium und Kalzium aus. Er wirkt entgiftend auf die Leber, hilft gegen Blutarmut und schützt vor Arteriosklerose.

Tomate

Die Tomate ist eine der meistkonsumierten Früchte, vom Mittelmeerraum bis hoch in den Norden. Vor allem im Sommer ziert ihr appetitliches Rot unzählige Gerichte. Aufgrund ihrer Vielseitigkeit und ihres Geschmacks wird sie in Suppen, Säften und Saucen verarbeitet oder pur mit einem köstlichen Dressing in Salaten genossen. Die Tomate ist reich an B-Vitaminen und Mineralien, enthält Bioflavonoide und besitzt hohe antioxidantische Eigenschaften.

Traube

Trauben sind nicht nur kulinarisch ein Genuss, sondern auch ein optischer Hingucker auf jedem Teller. Sie sind die einzelnen Beere einer Rebe. Ursprünglich sind Trauben in Mittelasien beheimatet, heute werden diese vitaminreichen Früchte in allen Farben von Gelb, Grünlich bis Blau und Schwarzblau in allen Erdteilen angebaut. Tafeltrauben besitzen wertvolle Inhaltsstoffe, sie sind ein schneller Enegielieferant, regen die Verdauung an, entschlacken den Organismus und sind unentbehrliche Nerven-, Hirn- und Knochennahrung.

Zitrone

Die Zitrone ist die aromatische und erfrischende Frucht des Zitronenbaums. Er hat sein Zuhause im Mittelmeerraum und in gemäßigten Klimazonen und gelangte im Mittelalter über den Orient in das heutige Europa. Das charakteristische Aroma der Zitrone unterstreicht jedes Gericht mit einem angenehm säuerlichen Geschmack. Auch dient der Saft als natürlicher Konservierungsstoff und macht Gerichte so haltbarer. Die Zitrone gehört zu den wichtigsten Vitamin-C-Lieferanten überhaupt, sie stärkt das Immunsystem und ist ein natürlicher Wundheiler. Obwohl sie sauer schmeckt, ist sie ein Lebensmittel, das über einen der höchsten basischen Werte verfügt; daher hilft sie dem Organismus, seinen basischen pH-Wert beizubehalten beziehungsweise wiederherzustellen.

Zucchini

Zucchini gehören zu der Familie der Kürbisse und sind in Europa beheimatet. Sie sind die Basis vieler Gerichte der Rohkostküche. Zucchinipflanzen neigen zu unkontrolliertem Wachstum, sie überschwemmen den Gartenbesitzer im Sommer mit ihren Früchten. Zucchini versorgen den Körper mit Mineralien und Vitaminen, helfen den Körper zu entsäuern und sind wirksam gegen Bluthochdruck.

Zwiebel

Die Zwiebel ist weltweit verbreitet. Ihr verdanken viele Gerichte ihren Grundgeschmack. Sie wirkt antiseptisch, zum Beispiel bei Ohrenentzündungen, und senkt den Cholesterinspiegel.

Nüsse und Samenkerne

Rohe Nüsse und Samenkerne sind wichtige Protagonisten in der rohveganen Küche. Sie versorgen nicht nur den Organismus mit wertvollen Inhaltsstoffen und pflanzlichen Proteinen, sondern verleihen auch vielen Gerichten ihre charakteristische Textur. Die meisten Nüsse und Samenkerne sind von einer harten Schale geschützt; unter dieser Schale ist der Kern meist nochmals von einer dünnen, essbaren Haut überzogen. Jede Nussart und jeder Samenkern hat seinen eigenen, typischen Geschmack; dieser reicht von süßlich über holzig bis bitter.

Chiasamen

Diese außergewöhnlichen winzigen Samen wachsen nur in tropischem Klima, beispielsweise in Mexiko, Guatemala und Bolivien. Schon die Mayas schätzten diese kleinen Wundersamen wegen ihrer besonderen Eigenschaften als Energielieferanten. Sie enthalten eine der höchsten Konzentrationen an Omega-3- und Omega-6-Säuren, Ballaststoffen und Antioxidantien. Chiasamen sind zudem reich an Vitamin A, komplexen B-Vitaminen und E-Vitaminen, außerdem an Mineralien wie Selen, Eisen und Kupfer. In der Rohkostküche sehr begehrt wegen ihrer ungewöhnlichen Textur, die je nach Verwendung knusprig bis reisartig sein kann.

Erdmandeln

Schon die Ägypter nutzten die Erdmandel wegen ihrer heilenden und regenerierenden Eigenschaften. Durch die Araber gelangte sie schließlich nach Europa, wo sie kultiviert und besonders wegen ihrer Heilkräfte als Schutz vor Krankheiten wie Crohn und zur Regulierung der Verdauungsfunktion geschätzt wurde. Heute wird die Erdmandel in ganz Spanien in dem beliebten Sommergetränk »Horchata de Chufa« serviert. Sie eignet sich hervorragend für Nussmilch und als Basis für raffinierte Desserts.

Hanf

Die zu den ältesten Heil- und Nutzpflanzen gehörende Pflanze stammt ursprünglich aus Zentralasien und wird heute weltweit angebaut. Hanf galt bis ins 20. Jahrhundert als ein bedeutendes Handelsgut. Dieser wohlschmeckende und nahrhafte Samen ist besonders reich an essenziellen Aminosäuren, Antioxidantien, Omega-3- und Omega 6-Fettsäuren und besitzt außerdem entzündungshemmende Wirkstoffe. In der rohveganen Küche findet man ihn in feiner Nussmilch, in cremigen Saucen und in Desserts.

Haselnüsse

Die duftenden Haselnüsse haben einen hohen Anteil an ungesättigten Fettsäuren, an Magnesium, Vitamin B und E und Kupfer. Sie besitzen besonders viele Antioxidantien und stärken das Nervensystem.

Kürbiskerne

Seit der Antike werden die schmackhaften Kürbiskerne wegen ihrer Heilkräfte sehr geschätzt. Sie haben einen hohen Anteil an bioaktiven Pflanzenstoffen sowie an Aminosäuren, die einen positiven Einfluss auf den Harntrakt haben und vor Prostatabeschwerden schützen. Sie sind reich an Omega-3- und Omega-6-Fettsäuren, schützen vor einem zu hohen Cholesterinspiegel und vor Herzkrankheiten. Der Genuss dieser potenten, kleinen Kerne sowie des kaltgepressten Öls hilft außerdem, Giftstoffe aus dem Körper auszuschwemmen.

Leinsamen

Leinsamen sind die Samen der Flachspflanze, die zu den ältesten Kulturpflanzen der Welt gehört. Der Leinsamen – und auch das daraus gewonnene Leinöl – diente bereits im antiken Griechenland als Heilmittel gegen viele Beschwerden. Leinsamen sind reich an Ballaststoffen, an Kalzium, Eisen und Vitamin E sowie an den essenziellen Fettsäuren Omega 3, 6 und 9. In der Rohkostküche werden sie geschätzt, weil man mit ihnen außerordentlich gut Flüssigkeiten binden kann.

Macadamianüsse

Die Macadamianüsse, von den Ureinwohnern Australiens »Kindal Kindal« genannt, haben einen unverwechselbaren Geschmack. Sie schmecken pur, in Pasten, als »Käse«, in cremigen Saucen und Süßspeisen. Sie haben einen hohen Anteil an pflanzlichem Eiweiß, sättigenden Ballaststoffen, herzfreundlichen ungesättigten Fettsäuren sowie Magnesium, Phosphor, Kalzium und B-Vitaminen für gute Nerven und gesunde Knochen.

Mandeln

Mandeln werden im Herbst aus ihrer besonders harten Schale geerntet. Sie reduzieren das Cholesterin und haben einen hohen Anteil an Kalzium und Vitamin E. In der Rohkostküche werden sie gerne als Basis für feine Nussmilch oder Nusskäse genommen.

Mohn

Die leicht bläulich schimmernden Samen unterstreichen jedes Gericht mit ihrer ungewöhnlichen knusprig-knackigen Textur. Ihr Geschmack ist leicht süßlich, mandelartig. Sie haben einen hohen Gehalt an Mineralien, B-Vitaminen und Ballaststoffen, schützen vor Alterserscheinungen und reinigen den Organismus.

Paranuss

Die Paranuss, auch bekannt unter dem Namen Brasilnuss, wächst in Amazonien auf wild wachsenden Bäumen, die mehr als 50 Meter hoch und bis zu tausend Jahre alt werden können. Die geschmacklich an Kokos erinnernden Nüsse werden in Süßspeisen und Desserts sehr geschätzt. Sie versorgen den Organismus mit reichhaltigen Proteinen, ungesättigten Fettsäuren und sind bekannt für ihren hohen Gehalt an Selen.

Pinienkerne

Diese delikaten aus dem Mittelmeergebiet stammenden Nüsse sind reich an essenziellen Ölen, Proteinen und Vitaminen. Sie können einem zu hohen Cholesterinspiegel, kardiovaskulären Erkrankungen sowie Osteoporose vorbeugen.

Pistazien

Diese wunderschönen grünen Nüsse stammen ursprünglich aus Syrien und sind heute in vielen mediterranen Ländern beheimatet. Inzwischen werden sie jedoch auch häufig aus dem Iran importiert. Sie sind nicht nur optisch ein Genuss auf dem Teller, sondern auch überaus gesund, da sie reich an Eisen und Vitamin A sind und durch ihren hohen Gehalt an Pflanzenfetten die Blutfettwerte verbessern können.

Sesam

Sesam wird in vielen Teilen der Welt kultiviert und meist zu Sesamöl verarbeitet. Sesam besitzt einen unverwechselbaren nussigen, leicht bitteren Geschmack und versorgt den Organismus mit pflanzlichen Proteinen und anderen wertvollen Nährstoffen wie Kalzium, Zink und Eisen. Sein hoher Anteil an natürlichem Lecithin senkt den Cholesterinspiegel. Auch in der traditionellen chinesischen Medizin wird dieser Samen häufig verwendet.

Walnüsse

Die köstlichen weichen Walnüsse eignen sich hervorragend für Pasten, Pestos und – in der veganen Küche – um Nussfleisch herzustellen. Sie haben einen hohen Gehalt an Omega-3-Fettsäuren, stärken das Leistungsvermögen des Gehirns, senken den Cholesterinspiegel und schützen das Herz.

Wildreis

Seit mehr als dreitausend Jahren ist der fein nussig schmeckende Wildreis ein wesentlicher Bestandteil der Küche und Kultur der indianischen Ureinwohner und wird daher auch oft als Indianerreis bezeichnet. Er wächst an den großen, kanadischen Seen in Nordamerika und wird bis heute von Kanus aus in aufwendiger Handarbeit geerntet. Der echte Wildreis kann nur in absolut klaren, chemiefreien Gewässern gedeihen. Botanisch gesehen zählt der Wildreis nicht zu der Reisfamilie, vielmehr ist er eine Wasserpflanze und gehört zu den Gräsern. Er wird als absolute Delikatesse gehandelt und macht jedes Gericht zu etwas Besonderem. Er ist reich an Mineralien und B-Vitaminen.

Kaltgepresste Öle

Kaltgepresste Öle gehören zu den essenziellen Grundnahrungsmitteln. In der rohveganen Küche fehlen sie in keinem Gericht.

Arganöl

Reines Arganöl, das »flüssige Gold«, wird von einem Baum, der nur in einem kleinen Gebiet im westlichen Marokko wächst, gewonnen. Die Extraktion ist reine Handarbeit und daher sehr aufwendig. Arganöl wird in den internationalen Küchen für sein exquisites Aroma und seinen milden Geschmack geschätzt.

Kokosöl

Reines kaltgepresstes Kokosöl ist ein wahres Wundermittel und hat zahlreiche heilende Eigenschaften. Es ist reich an Laurinsäure, bildet das »gute Cholesterin« und schützt vor Herzkrankheiten. Kokosöl schmeckt leicht nussig, süß. Es schenkt Desserts und asiatischen Gerichten ein feines Aroma und eine angenehme Textur.

Leinöl

Leinöl wird aus hochwertigen Leinsamen kaltgepresst. Es hat einen nussähnlichen bis leicht bitteren Geschmack. Leinöl ist besonders interessant wegen seiner ausgewogenen Zusammensetzung von Omega-3- und Omega-6-Fettsäuren. Wegen seines leicht bitteren Geschmacks ist es empfehlenswert, es mit anderen Ölen wie Olivenöl zu mischen.

Natives Olivenöl extra

Kaltgepresstes Olivenöl gehört seit Tausenden von Jahren zum wichtigsten Bestandteil der mediterranen Küche. Es wird aus der Frucht des Olivenbaums gewonnen. Das erstaunliche und vielseitige Öl ist nicht nur wegen seines delikaten Geschmacks weltweit begehrt, sondern auch wegen seiner unzähligen wertvollen Inhaltsstoffe. Es gilt als natürliches Antioxidans und schützt vor vorzeitiger Zellalterung. Auch wirkt Olivenöl verdauungsfördernd und hat einen positiven Einfluss auf den Cholesterinspiegel.

Natürliche Süße

In der Rohkostküche wird auf die natürliche Süßkraft aus der Natur gesetzt und auf künstlich verarbeiteten weißen oder braunen Zucker verzichtet. Vielmehr süßen wir mit allem, was uns die Natur schenkt: mit rohem, das heißt kalt geschleudertem Honig, Agavendicksaft, Stevia und der natürlichen Süße von getrockneten Früchten.

Agavendicksaft

Der delikate Agavendicksaft wird aus dem »Herzen des Maguey« gewonnen, ein Kaktus, der zur Familie der Agaven gehört. Er wird besonders wegen seines milden, honigartigen Geschmacks sowie seines niedrigen glykämischen Indexes geschätzt. Seine goldgelbe Farbe und seine Textur machen ihn sehr beliebt in Desserts und anderen Speisen wie Dressings oder Saucen. Allerdings ist für die Produktion von Agavendicksaft ein gewisser Erhitzungsprozess nötig. Man kann ihn daher nicht zu hundert Prozent als roh bezeichnen. Dennoch ist er vertretbarer als jeglicher Industriezucker.

Ahornsirup

Der originale Ahornsirup wird aus dem in den Wäldern Kanadas und der nördlichen US-Bundesstaaten beheimateten Ahornbaum gewonnen. Bereits lange vor Ankunft der Europäer wussten die Ureinwohner Nordamerikas um die hohe Kunst der Extraktion des wertvollen Saftes. Ahornsirup wird in verschiedenen Qualitätsstufen von A bis C gehandelt. Stufe A ist weniger konzentriert und weniger süß, dagegen sind Stufe B und C nussiger im Geschmack und eignen sich hervorragend für Desserts, Saucen oder Karamellsaucen. Ahornsirup ist reich an Kalzium, Zink und Magnesium.

Honig

Honig ist einer der natürlichsten Süßstoffe und gehört seit Jahrtausenden zu den beliebtesten Nahrungsmitteln der Menschheit. Bereits in der Antike benutzten die Ägypter Honig zur Wundheilung, und bis heute gilt er als natürliches Antibiotikum. Er kann in vielen Gerichten als Ersatz für Agavendicksaft oder Ahornsirup verwendet werden. Honig ist zwar nicht vegan, wegen seiner Heilkräfte jedoch unverzichtbar. Honig sollte man immer vom Imker seines Vertrauens beziehen. Auch sollte Gewissheit herrschen, dass er kaltgeschleudert und somit nicht über 42 Grad erhitzt wurde. Farbe und Textur sollten unregelmäßig sein. Die Farbe und das Aroma des Honigs hängen einzig und allein von den den Bienen zur Verfügung stehenden Blumenwiesen und der Blumenvielfalt ab.

Kokosblütenzucker

Der Kokosblütenzucker ist eine Delikatesse. Sein Saft wird aus den Blüten der Kokospalme gewonnen. Er verfeinert jedes Gericht mit seinem zart-süßlichen Geschmack und einem leichten Karamellaroma. Wegen seines niedrigen Schmelzpunkts zerfließt er auf jedem Gericht und hinterlässt eine leichte vanille-malzartige Note. Der bekömmliche Kokosblütenzucker hat einen niedrigen glykämischen Index.

Stevia

Stevia ist eine Pflanze, die weit verbreitet in Paraguay, Brasilien und Argentinien wächst. Seit der Antike wird sie von den Guarani-Indianern als natürliches Süßungsmittel verwendet. Ihre Blätter sind dreißigmal süßer als industriell hergestellter Zucker, der Extrakt der Pflanze hat sogar eine zweihundertmal stärkere Süßkraft, und dies ohne die Nachteile des Industriezuckers. Menschen, die keinen Zucker verwenden dürfen oder wollen, können die Steviapflanze unbedenklich zum Süßen nutzen. Stevia reguliert den Glukosespiegel im Blut und wird daher in einigen Ländern zur Behandlung von Diabetes eingesetzt, da es über den Glukosespiegel auch den Insulinspiegel reguliert. Auch schützt Stevia den Organismus vor Bakterien und Infektionen und wird als mildes, blutdrucksenkendes Mittel geschätzt.

Sprossen

Sprossen stechen wegen ihrer unglaublichen Vielfalt und Schönheit und ihres delikaten Geschmacks hervor. Ihr Nährstoffgehalt ist unübertroffen, sie sind reich an lebenswichtigen Enzymen, Antioxidantien, Chlorophyll, Ballaststoffen und sekundären Pflanzenstoffen.

Alfalfa

Die zarten Alfalfasprossen stammen aus Persien und gehören zu den beliebtesten Keimlingen in der frischen Küche. Die attraktiven Sprossen sind leicht zu keimen und schmecken zart und herrlich frisch. Sie sind reich an Eiweiß, Vitaminen und Mineralien und wirken Hormonbeschwerden entgegen.

Brokkolisprossen

Brokkolisprossen sind mit ihrem mild-würzigen Geschmack nicht nur köstlich, sondern auch noch reich an wichtigen Spurenelementen, Vitaminen und Mineralstoffen. Diese aromatisch-pikanten Schösslinge enthalten besonders wertvolle, konzentrierte Nährstoffe, mehr als die eigentlichen Brokkoliröschen. Das in ihnen enthaltene Senföl ist für seine krebshemmende Wirkung bekannt.

Erbsenspargelsprossen

Erbsenspargelsprossen gehören zu den attraktivsten und schmackhaftesten Sprossen überhaupt. Erstmals wurden sie in Dänemark gezogen. Sie werden aus Erbsen gezogen und nicht, wie man aufgrund des Namens meinen könnte, aus Spargel. Wegen ihres mild-süßlichen, tatsächlich an grünen Spargel erinnernden Geschmacks passen sie hervorragend zu asiatischen rohen Gerichten. Sie sind reich an Aminosäuren, Vitaminen und Mineralien. Es dauert bis zu zwei Wochen, bis die Erbsen sprießen, dann können die frischen Sprossen genossen werden. Die Erbse sollte nicht mitgegessen werden.

Kresse

Im Iran findet man noch heute wild wachsende Kresse, während die uns bekannte Gartenkresse fast überall auf dem Markt erhältlich ist. Sie hat einen intensiv-scharfen Geschmack, der stark an Rettich oder Senf erinnert. Auch enthält Kresse ätherisches Senföl, das für seine krebshemmenden Wirkstoffe bekannt ist. Kresse gilt als natürliches Antibiotikum, sie reinigt das Blut und regt den Stoffwechsel an.

Radieschensprossen

Radieschensprossen sind seit Jahrtausenden bekannt und kommen ursprünglich aus dem asiatischen Raum, etwa China und Japan. Sie sind Vitamin-C-Lieferanten und wurden bereits vor zweihundert Jahren im Kampf gegen den Skorbut eingesetzt. Auch sind sie reich an Senfölen und verdanken diesen ihren pikanten, scharfen Geschmack.

Speisepilze

Rohe Speisepilze sind vor allem die Helden des Herbstes, sie duften nach Wald und feuchter Erde. Mariniert mit aromatischen Kräutern, Zitronensaft und Olivenöl, strömen sie ihr delikates Aroma aus. Ihre vielfältigen kulinarischen Möglichkeiten machen sie zu beliebten und köstlichen Gesellen der »Raw Cuisine«. Von über 200 000 bekannten Sorten sind nur 150 essbar. Steinpilze, Pfifferlinge und Trüffel werden in der Natur gesammelt. Kultursorten wie Champignons, Shiitake sowie Austernpilze werden meist in speziellen Stätten angebaut. Pilze sind reich an Mineralien und knochenstärkendem Vitamin D, das im menschlichen Körper sonst nur mithilfe von Sonneneinstrahlung gebildet werden kann. In der asiatischen Medizin werden Pilze wegen ihrer positiven Heilkräfte seit jeher geschätzt.

Champignon

Die braunen Champignons oder Egerlinge sind die beliebtesten Kulturpilze. Sie haben eine feste Textur, schmecken verführerisch delikat und leicht süßlich. Diesen Pilz findet man in jedem Bioladen und auf jedem Markt. Er ist reich an Mineralien wie Zink, Kupfer, Potasium, Selen und Eisen sowie an Antioxidantien.

Kräuterseitling

Der Kräuterseitling gehört zu den schmackhaftesten Pilzsorten und passt zu vielen Gerichten. Sein Fleisch ist weiß und hat ein delikates Aroma. Wegen seines Geschmacks und seiner feinen, weichen Textur dient der Kräuterseitling als ideale Basis für Gerichte, die an Fisch oder Meeresfrüchte erinnern sollen.

Riesenchampignon (Portobello)

Die wunderbaren Riesenchampignons mit ihrer festen Konsistenz findet man im Herbst rund um Mendocino, Kalifornien. Sie sind auch in Europa erhältlich und schmecken hervorragend, wenn man sie über Nacht mariniert. Sie sind ein toller Fleischersatz für alle, die sich noch nicht ganz davon gelöst haben.

Shiitake

Der vorwiegend aus Japan und China stammende Shiitakepilz gilt bereits seit mehr als zweitausend Jahren als Elixier des Lebens. Seit jeher werden Shiitakepilze auf frisch geschnittenem Laubbaumholz kultiviert. Neben ihren unschätzbaren Qualitäten in der kulinarischen Welt gelten sie in der asiatischen Medizin als altbewährte Heilpilze. Der köstlich herzhaft-würzig schmeckende Shiitake stärkt die körpereigenen Abwehrkräfte, ist reich an Antioxidantien und hemmt sogar das Wachstum von Tumoren.

Steinpilz

Der Steinpilz gilt als begehrter Edelpilz, er ist reich an Ballaststoffen, Vitaminen und Mineralien. Man findet ihn am besten im Herbst in den trockenen Wäldern, gerne in der Nähe von Eichen, Buchen und Fichten. Er riecht angenehm nach Wald, sein Fleisch ist innen weiß und fest und hat einen leicht haselnussartigen Geschmack. Man isst ihn roh oder mariniert oder genießt sein Aroma in getrockneter Form in Suppen und Saucen.

Algen

Algen sind Gemüse aus dem Meer. Seit Jahrtausenden verwenden die Bewohner der Küstenregionen Meeresalgen als Grundnahrungsmittel. In der traditionellen chinesischen Medizin werden Meeresalgen seit jeher für Heilzwecke verwendet. Sie sind reich an wichtigen Mineralien, blutreinigendem Chlorophyll sowie Spurenelementen und versorgen den Organismus mit Vitaminen, unter anderem mit natürlich vorkommendem Vitamin B12. Von rund 40 000 bekannten Algenarten werden etwa 160 in der Küche verwendet. Ihr Geschmack reicht von würzig-nussig bis salzig. Meeresalgen sind aus der rohveganen Küche nicht mehr wegzudenken. Sie lassen sich wunderbar in Salaten, Dressings, Suppen und Pasten verwenden. Der Umgang mit den Algen ist ganz einfach: getrocknete Algen in einem Sieb kalt abbrausen, dann 20–30 Minuten in kaltem Wasser einweichen. Die Algen abgießen und gut ausdrücken und je nach Rezept zubereiten.

Agar-Agar

Agar-Agar stammt aus einer sehr mild schmeckenden Rotalge und wird meist in Form von hellen, transparent schimmernden Flocken oder in Pulverform verkauft. Das geschmacks- und geruchsneutrale Agar-Agar wird als vegane Gelatine und Bindemittel gehandelt, in der rohveganen Küche wird es meist in Süßspeisen verwendet.

Arame

Arame gehört zur Familie der Braunalgen. Diese großblättrige Alge wird meist zerkleinert und getrocknet. Die daraus gewonnenen dünnen schwarzen Streifen sind sehr mild im Geschmack und besonders zart. Arame ist reich an Kalzium, Eisen, Kalium, Vitamin A und B-Vitaminen. Diese Algen verdoppeln ihr Volumen, sobald man sie in Wasser einweicht. In Salaten verwendet, schenken sie besonders ausgeprägte Geschmackskontraste.

Dulse

Dieses zarte Meergemüse gehört zu den Rotalgen und stammt aus den kalten atlantischen Gewässern. In der Bretagne und in Irland wird diese beliebte Rotalge seit Generationen verwendet. Mit ihrem milden Geschmack ist sie ein ungemein vielseitiges Meergemüse und schmeckt besonders in Suppen, Salaten und Pasten. Sie ist reich an pflanzlichem Eiweiß, Eisen, Kalium, Magnesium, Jod, Chlorophyll und Enzymen.

Hijiki

Seit Jahrtausenden wird die Hijiki-Alge in Japan als wertvolles Lebensmittel verehrt. Hijiki gehört wie Arame zur Familie der Braunalgen, jedoch ist Hijiki wesentlich dicker, zäher und geschmacksintensiver. Sie schmeckt leicht süßlich und besitzt ein unverwechselbares Aroma. Die Hijiki-Alge passt besonders gut zu robusten Gemüsesorten wie Grünkohl und Wurzelgemüsen.

Kombu

Kombu-Algen betören mit ihrer dunkelvioletten Farbe, sie schmecken leicht süßlich und intensiv nach Meer. Sie gehören zu den nährstoffreichsten Meeresgemüsen, ihr Gehalt an Mineralstoffen und Vitaminen ist deutlich höher als bei anderen Algen. Fein gemahlene Kombu-Algen eignen sich hervorragend als Gewürz in Saucen und Pasten.

Nori

Nori gehört zur Rotalgenfamilie und wird seit Jahrhunderten vor den Küsten Japans kultiviert. Aus ihr werden die begehrten hauchdünnen Noriblätter gemacht, die zum Rollen der Maki-Sushi verwendet werden. Nach der Ernte wird die Nori-Alge zunächst zerkleinert, dann gepresst und getrocknet. Man findet Nori auch in Flockenform. Zerkrümelt in Suppen oder zu Salaten, eignen sie sich hervorragend als Gewürz. Die Nori-Seealge ist reich an wertvollen Inhaltsstoffen, besonders an pflanzlichen Proteinen.

Wakame

Wakame-Algen gehören zu den vielseitigsten Meeresgemüsen und gelten weltweit als Delikatesse. Auch diese Alge hat in der japanischen Küche eine lange Tradition. Sie ist reich an Ballaststoffen und Kalium. Die Wakame-Alge hat einen intensiven Geschmack nach Meer und ist besonders zart, sie eignet sich vor allem für Salate und als Suppeneinlage und passt wunderbar zu mariniertem Gemüse.

Natürliche Würzmittel

Salze

Salze sind essenziell, ohne sie können wir nicht leben, jedoch brauchen wir sie in nur sehr geringen Mengen. Es besteht ein wesentlicher Unterschied zwischen dem handelsüblichen Tafelsalz und natürlichem Salz. Damit unser Organismus funktioniert, sollte er nur durch ein komplettes Salz versorgt werden, das alle natürlichen Elemente noch beinhaltet.

Himalayasalz

Das Himalayasalz, auch »rosa Salz« genannt, ist ein naturreines Kristallsalz, das von schädlichen Umwelteinflüssen gänzlich verschont geblieben ist. Zumeist stammt es aus Lahore in Pakistan, einem Salzabbaugebiet, das geografisch gesehen dem Himalayagebirge zuzuordnen ist.

Meersalz

Natürliches, handgeschöpftes, durch Sonne und Wind auskristallisiertes Meersalz enthält mehr als 80 lebenswichtige Mineralien und Spurenelemente. Ich benutze vorzugsweise das edle »Flor de sal«, das von dem Naturstrand »Es Trenc« stammt. Dieses natürliche Salz ist immer leicht feucht, da es aus der Luft Feuchtigkeit bindet – ein Zeichen für exzellente Qualität, frei von jeglicher Behandlung. Bis heute ist es ein hochgeschätztes Meersalz, das von einem handwerklich arbeitenden mallorquinischen Familienbetrieb stammt. Sein intensiver und unverwechselbarer Geschmack unterstreicht jedes Gericht.

Rauchsalz

Rauchsalz stammt ursprünglich aus der kreolischen Küche. Der Geschmack variiert je nach Salzart und nach Art des Holzes, über dem es geräuchert wurde. Meist wird Meersalz über Hölzern wie Buche, Tanne oder sogar Walnuss kalt geräuchert. Bereits eine kleine Prise reicht aus, um Gerichten ein typisches, kräftiges Raucharoma zu verleihen. In der rohveganen Küche ist es besonders geschätzt in mariniertem Gemüse, Pasten und in Gerichten, die an tierische Produkte erinnern sollen.

Steinsalz

Das kostbare Steinsalz, auch Ursalz genannt, ist zu vergleichen mit dem Meersalz. Es stammt aus dem Urmeer, das vor mehr als 250 Millionen Jahren durch die Kraft der Sonnenenergie austrocknete. Städte wie Salzburg, Salzgitter und Hallein sind bekannte Handelsstädte für Salz. Durch Sedimentgesteinsschichten und Erdverschiebungen gelangte das Steinsalz über Hunderte von Metern unter die Erdoberfläche, wo es geschützt vor Umwelteinflüssen seit Millionen von Jahren lagert. Bis heute gilt naturbelassenes Steinsalz als sehr kostbar, es enthält bis zu 84 lebenswichtige Inhaltsstoffe.

Andere Würzmittel

Edelhefe

Die aromatischen, milden Edelhefeflocken sind durch die Einwirkung von Hitze inaktivierte Hefen, die einen hohen Nährwert und vor allem einen hohen Gehalt an B-Vitaminen sowie den Vitaminen Pantothen und Folsäure haben. Sie enthalten reichlich Eiweiß in Form von leicht verwertbaren Aminosäuren. Edelhefeflocken verleihen Gerichten eine käseähnliche Note.

Genmai Su

Genmai Su ist ein frischer, milder Reis-Würzessig, der nach einer alten japanischen Tradition in Steingutfässern reift. Sein Geschmack ist frisch und würzig. Dieser milde Essig ist besonders bekömmlich und regt die Verdauung an.

Kapern

Aus der klassischen Mittelmeerküche kaum wegzudenken, bereichern Kapern mit ihrem salzigen, herb-würzigen Geschmack jedes Pastagericht und geben Nussfleisch eine pikante Note. Die Kapern sind die geschlossenen Blütenknospen des Kapernstrauches, der rund um das Mittelmeer beheimatet ist. Die aufwendig von Hand geernteten Kapern findet man klein oder groß in Meersalz eingelegt auf Märkten oder in gut sortierten Bioläden. In Salz eingelegte Kapern sollte man vor Gebrauch gründlich mit kaltem Wasser waschen. Werden die Kapernknospen nicht geerntet, entwickeln sich daraus die geschätzten Kapernäpfel.

Miso

Das traditionell hergestellte, in Zedernholzfässern gereifte japanische Miso, was so viel heißt wie »Quelle des Genusses«, ist eine fermentierte Würzpaste aus Cerealien, Reis, Soja, Gemüse und Salz. Bis in die heutige Zeit gilt Miso in asiatischen Ländern wie China und Japan als ein Heilmittel. Miso enthält lebenswichtige Enzyme und Aminosäuren, die die Darmflora gesund halten. Unterschiedliche Reifegrade von ein bis drei Jahren haben Einfluss auf Geschmack und Konsistenz. Das cremige Shiro Miso, auch helles Miso genannt, schenkt vielen Gerichten eine leicht süß-salzige Note und erinnert geschmacklich an Käse. Das lang gereifte dunkle Hatcho Miso hat einen intensiven, herzhaft-würzigen Geschmack und dient als ideale Basis für Nussfleischgerichte sowie würzige Suppen.

Tamarinde

Die Tamarinde mit ihrem unverwechselbaren leicht säuerlich-süßlichen Geschmack wird auch gerne »indische Dattel« genannt. Sie ist die Hülsenfrucht des Tamarindenbaums, der hauptsächlich in Indien und Thailand beheimatet ist.

Tamari

Tamari ist eine reine Sojasauce und dient in der japanischen Küche seit jeher als unentbehrliches Würzmittel. Diese edle ebenholzfarbene Sauce wird in der rohveganen Küche vielseitig eingesetzt. Intensiv und vollmundig im Geschmack dient es als Grundwürze vieler Suppen, Bouillons, Salatdressings und Marinaden. Tamari wird aus Sojamehl, Wasser und Salz fermentiert. Der vollkommen natürliche Reife- und Fermentierungsprozess reicht von mindestens 1½ bis 5 Jahre. Beim Kauf ist unbedingt darauf zu achten, eine natürlich gebraute Version zu wählen.

Shoyu

Shoyu ist ebensfalls eine natürlich gebraute Sojasauce und besitzt die gleichen Eigenschaften wie Tamari. Es unterstreicht auf milde, aber herzhafte Weise den Eigengeschmack der Gerichte. Im Gegensatz zu Tamari wird zum Fermentieren noch Weizen hinzugefügt.

Kräuter

Frische Kräuter sind in der Rohkostküche unentbehrlich, sie bereichern jede kulinarische Kreation mit ihrem Aroma und ihrem Duft. Auch verfügen sie aufgrund ihres hohen Gehalts an ätherischen Ölen über zahlreiche Heilwirkungen. Sie wachsen wunderbar zu Hause auf der Fensterbank oder im Kräutergarten. Da sie sich gut trocknen lassen, sind sie das ganze Jahr über verfügbar.

Basilikum

Das duftende Basilikum stammt ursprünglich aus Vorderindien und wurde bereits 1000 Jahre v. Chr. als Kultur-, Zier- und Heilpflanze angebaut. Heute zählt es zu den beliebtesten Gewürzpflanzen und entfaltet besonders in mediterranen Gerichten mit Tomaten sein unverwechselbares Aroma. Basilikum besitzt nachgewiesene Heilkräfte, es stärkt die Verdauung, wirkt nervenberuhigend und entzündungshemmend.

Dill

Der ursprünglich aus Zentralasien stammende Dill hat ein unverwechselbares würzig-herbes Aroma. Er passt hervorragend zu Gurkengerichten. Seine wertvollen ätherischen Öle wirken schlaffördernd und appetitanregend. Zum Verfeinern von Suppen, Salaten und herzhaften Gerichten verwendet.

Koriander

Koriander besitzt ein unverwechselbares Aroma, er zählt zu den ältesten Küchenkräutern der Welt. Die vielseitige, duftende Gewürzpflanze kann in der Küche komplett verwendet werden, vom Samen über die Stängel bis hin zum intensiv duftenden Kraut. Koriander wird vor allem in asiatischen, orientalischen sowie lateinamerikanischen Gerichten verwendet. In der asiatischen Medizin wird er wegen seiner entzündungshemmenden Wirkstoffe häufig als Heilmittel eingesetzt.

Petersilie

Petersilie wurde bereits vor rund fünftausend Jahren im östlichen Mittelmeerraum angebaut. Obwohl sie heute zu den meistverbreiteten Küchenkräutern gehört, wird sie häufig nur zu Dekorationszwecken genutzt. Ob kraus oder glatt, verfeinert sie aber mit ihrem delikaten Aroma und kräftigen Geschmack viele Gerichte. Neben zahlreichen anderen Heilwirkungen ist sie reich an Chlorophyll, wirkt blutreinigend und unterstützt die Blutbildung.

Pfefferminze

Frische Minze hat ein unverwechselbares Aroma und gehört seit je zu den beliebtesten Küchenkräutern. Auch ihre Heilkräfte wurden bereits von Hippokrates und Paracelsus geschätzt und gegen Magenbeschwerden sowie Kopfschmerzen eingesetzt. Ob zu süßen oder herzhaften Speisen, macht die kühlende und erfrischende Minze jedes Gericht zum Gedicht.

Rosmarin

Der markant schmeckende Rosmarin ist im Mittelmeerraum heimisch. Wegen seines intensiven Aromas braucht man nur kleine Mengen. Rosmarin harmoniert in Gerichten wunderbar mit Oliven, Knoblauch und Zitrone. Auch passt er hervorragend zu süßen Früchten wie Äpfeln. Rosmarin besitzt zahlreiche Heilwirkungen, unter anderem wird er zur Behandlung von niedrigem Blutdruck eingesetzt und gilt als natürliches Antibiotikum.

Salbei

Der aromatische Salbei ist wild wachsend in der Mittelmeergegend zu finden, gedeiht jedoch auch wunderbar in heimischen Gärten. Er besitzt einen unverwechselbaren herb-intensiven Geschmack und ist wegen seiner entzündungshemmenden und immunstärkenden Heilstoffe bereits seit der Antike bekannt.

Schnittlauch

Bereits im Altertum war der Schnittlauch eine geschätzte Heilpflanze. Im antiken China nannte man ihn sogar das Juwel der Gemüsepflanzen. Er wurde sowohl zum Kochen als auch zum Heilen verwendet. Der Schnittlauch gehört zur Familie des Lauchs, und wie alle Lauchsorten wirkt er antibakteriell, harntreibend und schleimlösend. Er schmeckt wunderbar frisch geschnitten und direkt über Salate gestreut oder in Nusskäse oder Pasten verwendet.

Gewürze

Gewürze, wie auch die Kräuter, werden nicht nur wegen ihrer medizinischen Heilwirkungen geschätzt, sondern sind vor allem aus der Küche nicht mehr wegzudenken. Jedes Gewürz schenkt einem Gericht seine einzigartige Note und macht es zu etwas Besonderem. Die meisten uns bekannten Gewürze stammen aus dem Orient. Seit der Antike benutzte man in den arabischen und asiatischen Ländern Gewürze als Heilmittel und zur natürlichen Konservierung von Lebensmitteln, zum Färben von Textilien oder zum Tätowieren sowie Parfümieren. Man nimmt an, dass es zuerst die Römer waren, die ihre Speisen mit orientalischen Gewürzen zubereiteten, um ihnen mehr Geschmack zu verleihen. Die ersten Gewürze, die über das Mittelmeer nach Europa kamen, waren Pfeffergewürze, Vanille, Ingwer, Muskatnuss, Nelke sowie der edle Safran. Die Aromen sind unendlich vielfältig, sie reichen von süß, über würzig, holzig bis hin zu scharf oder bitter.

Chili

Chilis sind in vielen Küchen der Welt zu Hause. Sie verleihen nicht ihre charakteristische Schärfe, sondern regen auch Stoffwechsel, Kreislauf und Verdauung an. Auch wirken sie antibakteriell und stärken das Immunsystem. In der Rohkostküche wird meist Cayennepfeffer verwendet, in lateinamerikanischen und asiatischen Gerichten der Jalapeño-Chili.

Curry

In Indien werden Gewürze für die Currys individuell zusammengestellt. Curry ist nicht gleich Curry. Ein Curry ist vielmehr eine Gewürzmischung, die sich aus bis zu 35 Gewürzkomponenten zusammensetzt. Hauptbestandteile sind vor allem Kurkuma, Pfeffer, Ingwer, Paprika, Piment, Nelken, Koriander, Kardamom, Muskat, Bockshornkleesamen, Zimt und Cayennepfeffer. Das Wort Curry bezeichnet außerdem nicht nur eine Gewürzmischung, sondern auch ein gesamtes Gericht.

Harissa

Harissa ist eine traditionelle Gewürzmischung aus dem Maghreb und kann aus bis zu 20 Komponenten bestehen, überwiegend aus Chilis, Cayennepfeffer, Tomaten, Knoblauch, Koriander und Kreuzkümmel.

Ingwer

Der ursprünglich aus Asien stammende Ingwer gehört zu den ältesten Gewürz- und Heilpflanzen der Welt. Ob in exotischen Gerichten oder heimatlichen Süßspeisen, er schenkt jedem Gericht sein zitronig duftendes, warmscharfes Aroma.

Kardamom

Der limettenfarbige Kardamom gehört zu den ältesten orientalischen Gewürzen. Seine warm-würzigen, süßlichscharfen ätherischen Öle schenken besonders Desserts und Nussmilch ihr unverwechselbares Aroma.

Kreuzkümmel

Das vollmundige, charakteristische und unverkennbare Aroma des Kreuzkümmels, auch Cumin genannt, wird seit Jahrtausenden in der arabischen, orientalischen und asiatischen Küche geschätzt. Er harmoniert hervorragend mit anderen Gewürzen, deshalb findet man ihn auch in vielen Currymischungen.

Kurkuma

Die würzig-erdig schmeckende, leicht bittere Kurkuma gibt vielen asiatischen Gerichten ihre charakteristische Farbe. Ihre Heilwirkungen sind ungezählt. Kulinarisch wird sie vor allem wegen ihrer edlen, feinen Holznote geschätzt.

Pimentón de la Vera

Pimentón de la Vera ist ein hoch aromatisches, geräuchertes Paprikapulver, das in der westspanischen Provinz Extremadura hergestellt wird. Die reifen Paprikaschoten werden traditionell über Eichenholz geräuchert und zwischen Mühlsteinen zu feinem Pulver verarbeitet. Der Pimentón verleiht Speisen ein feines, würziges Räucheraroma.

Safran

Der im Herbst violett blühende Safran gehört zu den Krokussen; aus den Stempeln ihrer Blüten wird das edle Safrangewürz gewonnen. Safran ist eines der teuersten Gewürze der Welt. Seine leuchtend orange bis rote Farbe und sein leicht bitterer Geschmack sind charakterisch. Er ist reich an ätherischen Ölen, wirkt krampflösend und stimmungsaufhellend.

Senf

Senf ist ein besonders aromatisches und scharfes Gewürz und wird gerne in Dressings und Saucen verwendet. Die Senfkörner wurden wegen ihrer appetitanregenden und verdauungsfördernden Wirkung bereits vor rund dreitausend Jahren in Asien sehr geschätzt. Im Mittelalter erreichten die Senfkörner Europa; die Pflanzen, der Weiße, Braune und Schwarze Senf, wurden zunächst in Spanien angebaut. Langsam breiteten sie sich in ganz Europa aus und gelten bis heute als eines der wichtigsten Würzmittel.

Sternanis

Der attraktive Sternanis, der vom Duft her sehr dem Anis ähnelt, wird seit jeher in der indischen und orientalischen Küche ganz oder fein gemahlen verwendet. Seine intensive und warme Note verzaubert Süßspeisen wie auch salzige, pikante Gerichte.

Vanille

Vanille als Schote oder gemahlen ist ein aromatisches Gewürz und stammt ursprünglich aus den Regenwäldern von Mexiko und Zentralamerika. Die alten Azteken kannten sie als »Txilotxitl«, was so viel bedeutet wie »schwarze Blume«. Der Duft von Vanille ist süß und intensiv aromatisch. Die Vanille wird in der Regel als Gewürz für süße Speisen verwendet. Vanille ist als Stimulans des zentralen Nervensystems bekannt.

Zimt

Der wärmende Zimt gehört zu den ältesten und beliebtesten Gewürzen der Welt, er wird sowohl für Süßspeisen als auch für herzhafte Gerichte verwendet. Er harmoniert besonders mit Gewürzen wie Anis, Vanille, Ingwer und Kardamom. Zimt besitzt besondere Eigenschaften, er wirkt stimulierend, verdauungsfördernd und antiseptisch.

Rezeptverzeichnis

Suppen

Pasten, Dips und Saucen

Salate

Pasta

Herzhafte Gerichte

Inspiration aus fremden Küchen

Käse und Brot

Nussmilch und Smoothies

Süßes

Rezepte von A bis Z

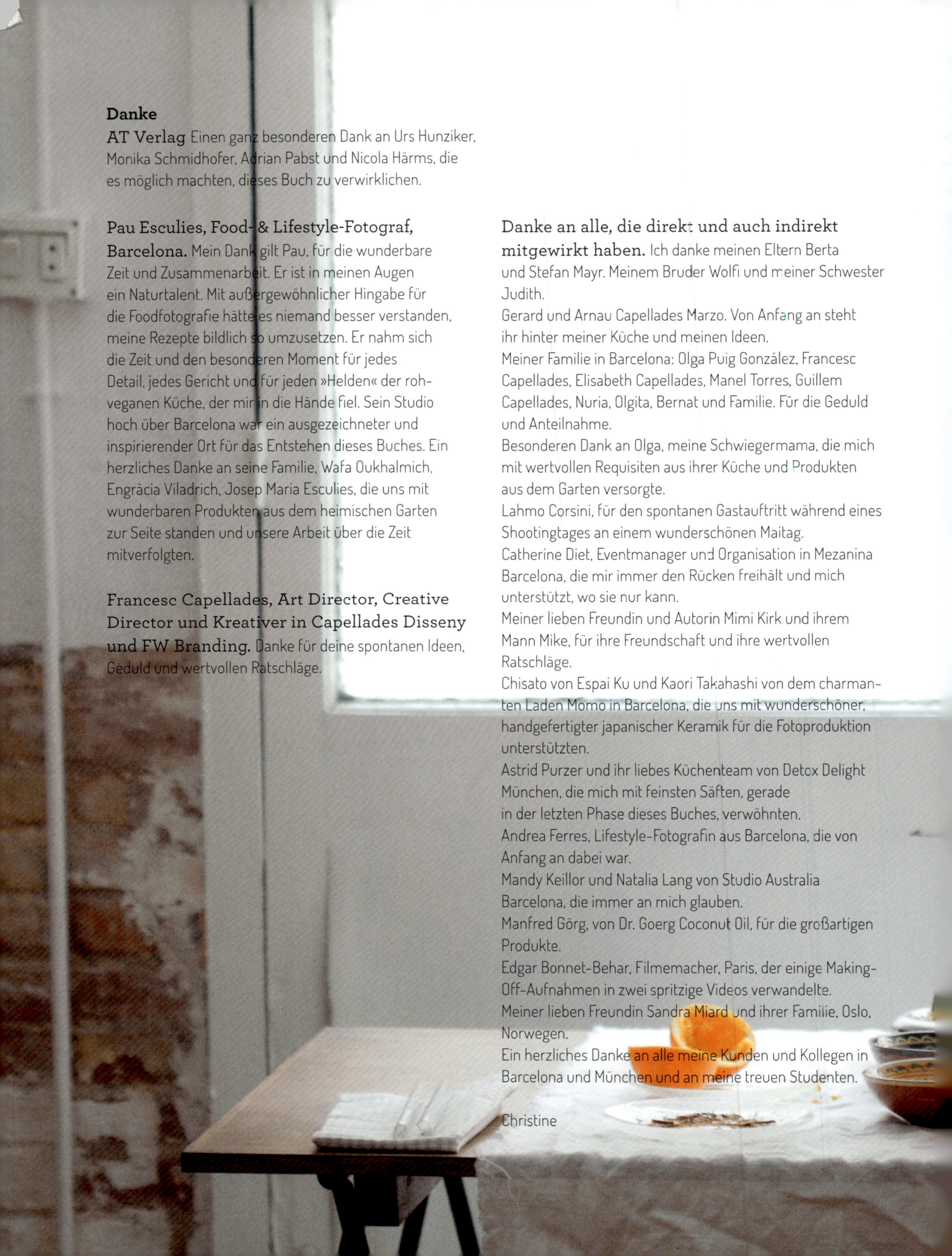

Danke

AT Verlag Einen ganz besonderen Dank an Urs Hunziker, Monika Schmidhofer, Adrian Pabst und Nicola Härms, die es möglich machten, dieses Buch zu verwirklichen.

Pau Esculies, Food- & Lifestyle-Fotograf, Barcelona. Mein Dank gilt Pau, für die wunderbare Zeit und Zusammenarbeit. Er ist in meinen Augen ein Naturtalent. Mit außergewöhnlicher Hingabe für die Foodfotografie hätte es niemand besser verstanden, meine Rezepte bildlich so umzusetzen. Er nahm sich die Zeit und den besonderen Moment für jedes Detail, jedes Gericht und für jeden »Helden« der rohveganen Küche, der mir in die Hände fiel. Sein Studio hoch über Barcelona war ein ausgezeichneter und inspirierender Ort für das Entstehen dieses Buches. Ein herzliches Danke an seine Familie, Wafa Oukhalmich, Engràcia Viladrich, Josep Maria Esculies, die uns mit wunderbaren Produkten aus dem heimischen Garten zur Seite standen und unsere Arbeit über die Zeit mitverfolgten.

Francesc Capellades, Art Director, Creative Director und Kreativer in Capellades Disseny und FW Branding. Danke für deine spontanen Ideen, Geduld und wertvollen Ratschläge.

Danke an alle, die direkt und auch indirekt mitgewirkt haben. Ich danke meinen Eltern Berta und Stefan Mayr. Meinem Bruder Wolfi und meiner Schwester Judith.
Gerard und Arnau Capellades Marzo. Von Anfang an steht ihr hinter meiner Küche und meinen Ideen.
Meiner Familie in Barcelona: Olga Puig González, Francesc Capellades, Elisabeth Capellades, Manel Torres, Guillem Capellades, Nuria, Olgita, Bernat und Familie. Für die Geduld und Anteilnahme.
Besonderen Dank an Olga, meine Schwiegermama, die mich mit wertvollen Requisiten aus ihrer Küche und Produkten aus dem Garten versorgte.
Lahmo Corsini, für den spontanen Gastauftritt während eines Shootingtages an einem wunderschönen Maitag.
Catherine Diet, Eventmanager und Organisation in Mezanina Barcelona, die mir immer den Rücken freihält und mich unterstützt, wo sie nur kann.
Meiner lieben Freundin und Autorin Mimi Kirk und ihrem Mann Mike, für ihre Freundschaft und ihre wertvollen Ratschläge.
Chisato von Espai Ku und Kaori Takahashi von dem charmanten Laden Momo in Barcelona, die uns mit wunderschöner, handgefertigter japanischer Keramik für die Fotoproduktion unterstützten.
Astrid Purzer und ihr liebes Küchenteam von Detox Delight München, die mich mit feinsten Säften, gerade in der letzten Phase dieses Buches, verwöhnten.
Andrea Ferres, Lifestyle-Fotografin aus Barcelona, die von Anfang an dabei war.
Mandy Keillor und Natalia Lang von Studio Australia Barcelona, die immer an mich glauben.
Manfred Görg, von Dr. Goerg Coconut Oil, für die großartigen Produkte.
Edgar Bonnet-Behar, Filmemacher, Paris, der einige Making-Off-Aufnahmen in zwei spritzige Videos verwandelte.
Meiner lieben Freundin Sandra Miard und ihrer Familie, Oslo, Norwegen.
Ein herzliches Danke an alle meine Kunden und Kollegen in Barcelona und München und an meine treuen Studenten.

Christine

Pau Esculies
zum Entstehen dieses Buches

Es ist ein unbeschreibliches Gefühl und Vergnügen zu sehen, wie sich dieses Buch verwirklicht hat. Der ganze Prozess und die Zeit der Entwicklung dieses Buches haben mich bereichert. Mit viel Enthusiasmus haben Christine und ich an diesem Projekt gearbeitet.

Als wir anfingen, die ersten Rezeptbilder zu schießen, hatten wir noch keine klare Vorstellung, wohin uns dieser Weg führen wird. Reine Leidenschaft und Freude, etwas Besonderes zu schaffen, haben uns verbunden. Christine hatte es dann bald ganz klar vor Augen, die Bilder sollten nicht nur für einige Veröffentlichungen in Magazinen sein, sondern vielmehr für ihr erstes Buch.

Zu den Rezeptbildern kamen die Porträts von besonders ansprechenden natürlichen Produkten wie Obst und Gemüse hinzu. Vor allem die Unvollkommenheiten von einigen Produkten fanden wir reizvoll. Meinem Gefühl nach ist es uns gelungen, die besondere Ausdruckskraft und Philosophie zu vermitteln, die diese Küche nach außen trägt.

Ich bin sehr dankbar für den Zufall, der uns zusammengeführt hat, und dass Christine ihr ganzes Vertrauen in meine Arbeit setzt, um ihre Kochkunst der Welt zu zeigen. Dankbar bin ich auch für alles, was ich von ihr lernen durfte. Sie ist eine Quelle der Weisheit und besitzt eine außerordentliche Klarheit über die vegane Küche und Ernährung, dazu eine unglaublich große internationale Erfahrung und Kreativität, die es ihr ermöglichen, aus elementaren Grundprodukten geschmackvolle vegane Gerichte der gehobenen Gastro-nomie zu zaubern.

Ich wünsche mir weitere Projekte wie dieses, die geprägt sind von Seele und Persönlichkeit.

Pau Esculies, Fotograf

Francesc Capellades
zum Entstehen des Buches

Die Energie der letzten Jahre, präsentiert auf über 288 Seiten. Traum, Illusion, Leidenschaft, Arbeit und höchste Professionalität. Es erfüllt mich mit Stolz, einen kleinen Beitrag zu diesem persönlichen Werk leisten zu können.

Francesc Capellades, Designer

Autorin
Christine Mayr,
Raw Food Chef und Chef Instruktorin.

ausgebildete Rohkostköchin und -Instruktorin, Tätigkeit in verschiedenen veganen und Rohkost-Restaurants sowie auch in der Produktentwicklung für die Gastronomie.

Sie bietet Caterings und private Dinnerevents (unter Crua Gourmet Cuisine) und schreibt für Printmedien (»Slowly Veggie« u. a.). Sie gibt Workshops und schult Personal. Christine lebt in München und Barcelona.

www.cruagourmetcuisine.com